김종회류
설장구의 맥

쏠트라인
SALTLINE

제자 김현옥이 펼치는

김종회류
설장구의 맥

김영성 지음

■ 저자의 말

　장구를 배우면서 북, 꽹과리, 징 등을 두루 섭렵하며 풍물놀이 판을 넘나들었다. 이런 풍물놀이 판 속에서 눈여겨 보아온 것이 설장구의 매력이었다. 설장구는 장구 연주의 꽃이라 할 만큼 풍물인들이 부러워하는 놀이라는 것도 알게 되었다.

　과거에는 풍물 판에서나 설장구를 볼 수 있었으나 요즘은 설장구만을 떼어서 각종 무대에 세우는 것이 일반화되었다. 그만큼 설장구의 매력이 일반 대중에게 어필되었다고 볼 수 있다.

　설장구를 통해 국악 예술의 세계를 맛볼 수 있고 자신의 흥과 즐거움을 찾을 수 있으며, 남들에게는 보고 듣는 즐거움을 선사할 수 있다는 것이 큰 보람이 아닐까 생각한다.

　우리 주변에 여러 류의 설장구가 있지만, 내가 처음 장구를 배우기 시작한 이곳 『굿마당』에서 이어져 내려 왔던 김종회(예명 김회열) 설장구에 대해 소개하게 된 것을 무한한 영광이라 여겨진다.

　이 책의 편찬을 위해 가르침을 주신 이현옥 원장님과 시연 역할을 해주신 양정숙님에게도 이 지면을 통해 감사의 말씀을 올리며, 이번 기회를 토대로 김종회류 설장구가 이 지역뿐만 아니라 전국에 널리 보급되어서 국민들의 정서 함양과 장구 문화 전파에 이바지하였으면 하는 바람이다.

2026. 4. 김영성

| 차례 |

제4장 나가면서

제1장

들어가며

제1장 들어가며

제1절 집필 동기

저자가 이현옥 선생님과 인연을 맺은 지도 어느덧 10년이 되었다. 처음 뵐 때는 제자로서 초보 장구 수업을 받았다. 풍물인이라면 누구나 느끼고 경험하지만 풍물세계란 단순하지 않다. 실력이 단시일 내에 닦아지는 것도 아니기에, 피나는 노력 없이는 세월에 실려 뜻 없는 경력만을 쌓을 뿐이다. 이렇게 "굿마당"이란 교습 장소에서 선생님을 지켜보면서 풍물에 대한 많은 것을 배우고, 또한 여러 행사에 참여하기도 하면서 여러 면에서 실전도 쌓았다.

수업 중에 신나는 노랫가락 장구도 좋았고, 선생님의 젊은 시절에 풍물을 연습하시던 과거 경험담을 들을 때면 나도 저렇게 열심히 해봐야겠다고 마음을 다지기도 하였다.

무엇보다 항상 열심히 하시는 일은 소품 만들기이다. 작품 구상에 따라 그 시대에 맞는 관련 소품 만들기에 열중하셨고 지금도 시간만 나면 보수하고 정리하면서 다음 행사를 준비하신다. 방이며 창고, 마당 등에 이런 소품들이 가득 쌓여 있음을 쉽게 볼 수 있다.

풍물지도 면에서는 유머를 잃지 않으면서도 항상 자상하게 그리고 수시로 지적해 주신다.

선생님은 현재 광산농악에서 수장구로 활동 중이며, 광산농악보존회 이사이기도 하다. 또한 사)굿마당남도문화연구회 대표로서 지역 풍물문화 발굴에 꾸준히 노력하고 있으며, 각종 지역 행사 주최 및 각종 경연대회에 참여, 지역 봉사, 풍물인 후진 양성 등 많은 분야에서 불철주야 활동하고 있다.

이런 치적들과 개인 기량 등을 근거로 "광주광역시 무형문화재 보유자 신청"을 몇 번에 걸쳐 시도해 보았으나 안타깝게도 뜻이 이루어지지 않고 있다.

본 도서에서는 사)굿마당남도문화연구회에서 "김종회 설장구 보존회"란 명판을 걸고 김종회 선생님의 뜻을 이어받아 열심히 전수 활동 중인 작품을 소개해 보려고 한다. 이 지역에서는 "광산농악"을 통하여 나름 그 인기를 잃지 않은 "김종회 설장구"이기에 더욱 활성화시켜야겠다는 욕심과 기대에 호응하기 위한 이유이기도 하다.

편집 순서는 설장구의 의미와 김종회 선생님의 이력, 이현옥 선생님의 이력, 김종회 설장구의 장단 가락 분석 등으로 하였다.

마지막으로 풍물 세계에서 우뚝 서기 위해 숙명처럼 묵묵히 평생을 헌신하신 이현옥 선생님을 지켜보는 제자로서 그 열정과 뜻을 알리는 데도 집필의 목적이 있다고 할 수 있겠다.

제2절 설장구의 정의

농악의 판굿 등에서 장구잽이가 판굿 가락의 일부 또는 개인이 창안한 가락 등으로 구성하여 흥겨운 몸동작과 명쾌한 장구가락을 연주하면서 흥을 돋우는 장구 놀음이라 할 수 있다.

설장구의 가락 구성은 대부분 구정놀이, 굿거리, 동살풀이, 덩덕궁이 등으로 짜여 있으나, 개인마다 순서와 가락이 다르며, 그에 맞는 몸동작도 다양하다.

설장구의 머리치장은 고깔, 상모, 꽃띠, 두건, 패랭이 모자, 전모 등으로 다양하게 꾸밀 수 있다. 복장에 있어서도 치복에 삼색띠가 원칙이나 창작 설장구에서는 한복 등 발상 주제에 따라 다양하게 복장을 갖추는 경우가 있다.

지금의 설장구는 더욱 정교해지고 흥미로워지면서 점차 풍물놀이에서 분리되어 단독 무대의 한 작품으로 "공연 문화"화 되어가는 추세이다.

제3절 설장구의 역사

우리나라 장구놀이의 기원을 삼국시대까지 거슬러 올라가 그 당시 고분벽화 등의 유물을 근거로 그 근거를 찾고 있다. 이어 고려시대 주악상, 조선시대 감로탱화, 민화 등에서도 장구춤의 유래를 들고 있다.

설장구란 말은 농악에서 장구잽이의 우두머리 즉, 상장구(수장구)와 상쇠가 어울려 개인 놀음 형식으로 이어져 왔으나, 1910년경 전북 정읍의 장구잽이인 김홍집에 의해 오늘날과 같은 설장구가 탄생한 것으로 보고 있다. 이후 김만식, 김병섭, 김오채, 이봉문, 안봉구, 이정범, 전사섭, 최화집(장성), 김학준(영광), 선기남, 이주완, 최막동, 김종회, 김동언(담양) 등으로 파급되었으며, 현재에도 그를 따르는 제자들에 의해 그 명맥을 이어오고 있다.

제2장

김종회의 설장구 소개

제2장 김종회의 설장구 소개

제1절 김종회 선생님 일대기

1. 출생

김종회 선생님은 1921년 2월 29일(음력) 전라남도 담양군 무정면 영천리 524번지에서 2남 2녀 중 둘째 아들로 태어났다.

2. 배움

전형적인 농사꾼의 아들로서 학교보다는 농사일 거들기가 우선인 시대여서 서당에서 한문 수학을 하셨고, 1932년에 담양 보통학교를 졸업했다. 1933부터 1935년까지 서당에서 야학 지도 강사로도 활동했다.

3. 농악인이 된 배경

어린 시절 부친께서 동네 농악단장을 맡다 보니 동네 농악기들이 집에 보관되었다. 이를 계기로 농악기에 쉽게 접근할 수 있었다. 부친께서 장구 연습을 하시는 모습을 지켜보면서 자연스럽게 장구가락을 알게 되었고, 어깨너머로 배운 가락을 나름 연습하기도 하였다. 선생님 나이 16세에는 동네 농악인이 되어 있었다.

4. 농악인으로서의 활동

농악 활동은 16세(1937년) 때 동네 농악단에서부터 시작하였다.

20세에는 전남 영광군 홍농면 중암리 김만석 명인에게 설장구를 배웠고

22세에는 전남 나주군 산포면 화제리 강성수 명인에게 설장구를 배웠으며

25세에는 광주의 최막동(전남 장성군 서삼면 출신)에게 설장구를 배웠다.

35~38세 때에는 임방울 자랑극단에서 설장구와 고수로 활동하였다,

39~43세 때에는 여성 극단 "삼성"에서 전경환(호남우도농악, 영광농악 무형문화재 제17회 상쇠 보유자), 김오채(호남우도농악, 영광농악 무형문화재 제17호 설장구 보유자)와 활동 하였다.

44~52세에는 전라북도 임실군 강진면 필봉리에서 전승되는 임실 필봉농악(국가 무형문화재)에서 양순용과 농악 활동을 하였다.

53~60세 때에는 호남우도농악 설장구 교습소를 운영하였다.

60~70세 때에는 영광우도농악단에서 전경환, 김오채 등과 부장구로 활동하였으며, 광산농악 단원으로도 활동하였다.

70세 이후에는 광산농악 상장구로 활동하였으며, 우도농악연구

원 부원장으로 설장구 기능 전수교육 활동을 하였다.

1992년 3월 16일 광산농악에서 그간의 공로를 인정받아 당시 정득채(상쇠), 서창순(설북)과 함께 김종회 선생님은 설장구로 세 분이 광주직할시 무형문화재 제8호로 지정되었다. 당시 나이 74세였다.

2000년 3월 13일 당시 82세의 나이로 타계하셨다.

5. 수상 경력

1980년 제21회 전국민속예술경연대회 전라북도 대표 임실 필봉농악 설장구로 참가 문화부장관상 수상(단체)

1981년 제12회 남도문화제 담양농악 설장구로 전라남도지사상 수상(개인상)

1986년 제15회 남도문화제 광산농악 설장구로 전라남도지사상 수상(개인상)

1988년 제27회 전라 예술제 특장부분 제6회 전국 농악경연대회에 남도우도농악단원으로 참석하여 장려상 수상(단체상)

1988년 제29회 전국민속예술경연대회 광주직할시 대표 소촌농악 상쇠로 참가하여 장려상 수상(단체상)

1986~1990년 광주 광산농악단 지도 및 출연 공로를 인정받아 광주 광산문화원장 공로상 4회에 걸쳐 수상

1989년 제30회 전국민속예술경연대회 광주직할시 대표 마륵농악 설장구로 참가하여 장려상 수상(단체상)

1990년 제31회 전국민속예술경연대회 광주직할시 대표 광산농악 설장구로 출연 문화부장관상 수상(단체상)

1991년 제32회 전국민속예술경연대회 광주직할시 대표 광산농악 설장구로 출연 문화부장관상 수상(단체상)

6. 김종회 설장구의 특징

가. 우도농악 설장구 기능인으로서 전수 체계가 분명한 광산농악단의 명인이었다.

나. 판굿의 개인 놀이 가락(덩덕구이, 세산조시, 구정놀이, 호드래기, 굿거리)이 으뜸이었다.

다. 농악 복식, 굿물 제작에 탁월하였으며, 매구 걸궁의 굿가락과 춤사위가 으뜸이었다.

라. 오른손 열채편 테두름의 손 놀음이 좋고, 상쇠와 가락을 주고받는 맺음가락인 매도지 가락을 흥겹게 마무리하고 다시 내는 가락이 일품이었다.

7. 김종회 설장구 전승 계보

김학준(김제) ⇒ 김홍식(고창), 김만석(영광) ⇒ 최막동(장성) ⇒ 강성수(나주) ⇒ 김종회(담양) ⇒ 김동언(전남 무형문화재 제17호), 김용철, 김용석, 이현옥

제2절 김종회 설장구 보존회

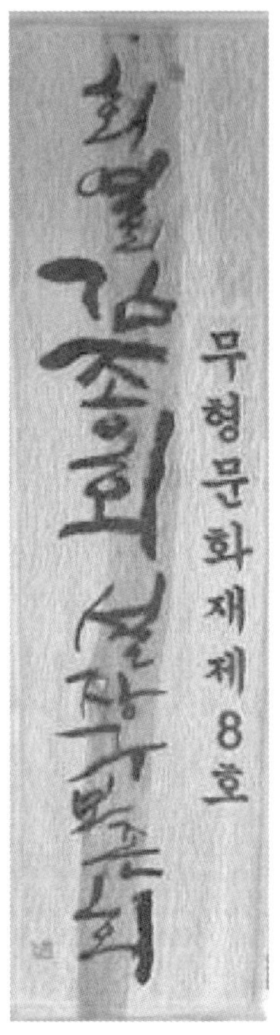

▲ 굿마당의 건물 통로 벽에
걸려있는 보존회 명판

김종회 설장구 보존회를 소개하기 위해서는 사)굿마당 남도문화연구회를 설명하지 않을 수 없다, 그 맥을 같이 하기 때문이다.

이현옥 선생님은 김종회 설장구의 맥을 보존하고 널리 전파하기 위하여 1998년 3월『굿마당 국악원』을 개원하였다. 장소는 (구)비아중학교 폐교 건물의 일부(약 550평)로 초라하기 그지없지만 이 지역의 농악인이라면 대부분이 이곳을 거쳐 갔을 정도로 유명하다.

선생님은 국악원에 만족하지 않고 이곳에서 더 큰 뜻을 펼치기 위해 2004년 5월에는 "사)굿마당 남도문화연구회"라는 법인을 설립하여 자신의 분신처럼 운영하고 있다. 이곳에서 지역문화의 발굴, 각종 행사의 기획과 총괄, 교육 등을 하고 있다.

"사)굿마당 남도문화연구회"의 운영 상황과 실적을 살펴보면 다음과 같다.

1. 김종회 설장구 전수

무엇보다 김종회 선생님의 뜻을 이어받아 설장구 전수에 온 힘을
다하여 제자들을 길러내고 있다.

2. 풍물인 후진 양성

이곳에서는 남녀노소와 신분을 가리지 않고 풍물을 배우러 오는
사람은 모두 받아들여 가르치고 있다. 배운 이들이 각종 행사에 참
여하는 등 "사)굿마당 남도문화연구회"를 운영하는 회원이 되었다.

3. 지역문화 발굴

서창지역의 만드리, 광산 들노래(모심기 소리, 김내기 소리, 장
원질 소리 등), 비아 풀 두레놀이(산타령, 낫치기, 풀 따먹기), 월계
동 상여소리(발인, 노제, 다리 건너기, 묘 터 다지기 등 아홉 마당 소
리), 당산굿 놀이, 수완골 화전놀이, 산월농악, 산월풍작농악, 정월
대보름행사(호남우도농악시연, 길놀이, 당산제, 용줄 감기, 달집태
우기, 연날리기, 팽이치기, 굴렁쇠 굴리기, 쥐불놀이, 소지 접기, 축
원문 접수, 새끼 꼬기, 풍물놀이 등 다양한 체험행사), 벼 가리대모
시기 등 많은 전통문화를 발굴하여 각종 행사나 경연대회에서 시연
한 바 있다. 이들 작품 중 풀 두레놀이, 당산굿 놀이, 상여소리, 화전
놀이는 세계문화 유산원에 기록되는 성과를 거두기도 하였다.

4. 각종 경연대회 참여

지역문화제의 발굴에 그치지 않고 이를 기획하고 각색하여 각종 경연대회에 선보인 바 있다. 그 공적은 선생님의 수상 실적에 잘 나타나 있다.

5. 지역문화 관광 상품화 계획

발굴된 지역문화를 절기나 시기, 장소 등을 정하여 정월에는 대보름굿, 당산제와 성주굿, 3월에는 화전놀이, 오월에는 상여소리, 백중에는 들노래, 추석에는 강강술래, 9월 9일(가을)에는 추수감사제 등을 관광 상품화할 계획이다.

제3절 김종회 설장구를 지켜온 제자 이현옥의 일대기

1. 출생과 배경

이현옥 선생님은 1954년 6월 12일 전라남도 화순군 북면 남치리 211번지에서 3남 5녀 중 장남으로 태어났다. 부친께서는 목수 일을 하셨고 어머니는 농사를 지어 생활하던 전형적인 농촌가계 집안이었다.

2. 학력

1966년에는 화순 아산초등학교를 졸업하였고, 1969년에는 광주전남중학교를 졸업하였으며, 1972년에는 광주전남고등학교를 졸업하였다. 2007년에는 전남도립대학교를 졸업하였다.

3. 농악인이 된 배경

선생님의 유년시절, 집에서 부리던 일꾼들이 거처하는 사랑방에는 항상 농악기가 있었다. 마을 사람들이 굿물(농악기 및 관계소품)을 사랑방에 보관해 놓고 연습하였기 때문이다. 당시 선생님은 이를 보면서 농악에 자연스럽게 매료되었다.

1961년 8세 때부터 당시 마을의 농악대 일원인 임길현(상쇠), 이은덕(장구), 오춘성(징), 이판섭(북) 등에게서 무동, 소고, 장구, 꽹과

리 등을 배웠다. 또한 고깔, 소고, 징채 등을 만드는 모습을 보면서
자연스럽게 제작하는 방법도 알게 되었다.

4. 농악 활동

1961~1973년 전남 화순군 북면 남치리 농악단에서 활동
1980~1992년 광주 광산구 비아 농악단에서 활동
1993~1996 김동언 선생님으로부터 설장구 사사
1996~2000 광산농악 설장구 보유자 김종회 선생님 전수장학생
으로 활동
1996년에 광산농악에 입단하여 현재 상장구로 활동 중
1998년에 사)굿마당남도문화연구회를 설립하여 현재 대표로 활
동 중

5. 수상 실적

1997. 10. 16. 제38회 전국민속예술경연대회(풀두레 놀이) 장려
상 수상
2000. 08. 05. 제2회 전국문화원연합회 광주광역시지회 경연대
회 대상 수상
2000. 10. 27. 제41회 전국민속예술축제 경연대회(광산 들노래)
노력상 수상
2001. 10. 30. 제28회 남도문화제 경연대회 최우수상 수상
2003. 10. 29. 제11회 임방울국악제 농악부분 우수상 수상

2004. 07. 09. 제6회 광주민속예술축제 경연대회 대상 수상

2005. 10. 04. 제46회 한국민속예술축제(월계상여소리) 경연대회 연기상 문화관광부장관 수상, 단체부문 은상 수상

2005. 12. 20. 제5회 만가 무속제전(만가 부문) 경연대회(월계동 상여소리) 최우수상 수상

2006. 06. 23. 제8회 한국민속예술축제 광주경연대회(응암 당산 굿 놀이) 대상 수상

2006. 10. 01. 제47회 한국민속예술축제 전국대회(응암 당산굿 놀이) 아리랑상 수상

2007. 04. 20. 제16회 광산구민의 날 경연대회(문화예술부문) 광산구민상 수상(개인상)

2008. 06. 05. 제10회 한국민속예술축제 광주경연대회(광산 풀두레 놀이) 대상 수상

2008. 10. 05. 제49회 한국민속예술축제 전국대회(광산 풀두레 놀이) 장려상 수상

2008. 11. 10. 제1회 한국농업인 풍물경연대회 호남우도농악 은상 수상

2013. 05. 31. 제15회 한국민속예술축제 광주경연대회(월계동 상여소리) 대상 수상

2014. 06. 01. 국가보훈유공 국가보훈처장상

2014. 10. 05. 제55회 한국민속예술축제 전국대회(월계동 상여소리) 동상 수상

2015. 05. 29. 제17회 한국민속예술축제 광주경연대회(수완골 화전놀이) 대상 수상

2016. 06. 03. 지도자상 광주광역시장상 수상(개인상)

2016. 10. 16. 제57회 한국민속예술축제 전국대회(수완골 화전놀이) 장려상 수상

2017. 06. 02. 제19회 한국민속예술축제 광주경연대회(광주산월농악) 대상 수상

2018. 10. 14. 제59회 한국민속예술축제 전국경연대회(광주산월농악) 장려상 수상

2019. 05. 30. 제21회 한국민속예술축제 광주경연대회(광주산월풍작농악) 대상 수상

2019. 10. 06. 제1회 전국난계풍물경연대회 장려상 수상

제3장

김종회 설장구 배우기

제3장 김종회 설장구 배우기

제1절 설장구를 대하는 기본자세

먼저 설장구를 배우려면 다음과 같은 기본자세를 가져야 한다.

1. 장구메기에 익숙해지기

설장구는 몸에 메고 장단 연주도 하고 춤사위를 선보이기도 한다. 따라서 자신의 몸과 장구는 하나가 되어야 자유자재로 그 기교를 발휘할 수 있다. 맨 먼저 해야 할 버릇 같은 행동은 장구를 메고 장단 연주를 해 보아야 한다. 앉아서 연주를 능란하게 잘하였다 하더라도 막상 장구를 어깨에 메고 치면 장단이 어색해진다. 장구를 메고서 몸놀림과 손놀림을 새롭게 적응하면서 익숙해지도록 하는 연습이 필요하다. 일부러 판굿이나 길굿 등의 행사에 참여하여 맘껏 장구놀이를 실습해 보는 것도 좋다고 본다.

2. 장단 가락 익숙하게 익히기

설장구를 한다고 해서 장단을 뒤로하고 춤사위나 동작을 우선할 수는 없다. 가락 하나하나에 동작과 호흡이 맞아떨어지면서 정확한 장단 소리가 나야 한다. 대개의 경우, 몸을 움직이다 보면 궁채나 열채가 제멋대로 맞아서 소리가 제대로 나지 않는다. 여기에다 빨리만 하려고 하다 보면 보기에 너무나 어설퍼 보인다. 또한, 가락도 뭉개져 무슨 가락인지 알 수가 없는 경우도 있다. 설장구 장단은 몸동작과 동선에 맞아떨어져야 훌륭한 장구놀이가 될 수 있다. 항상 움직이면서 장구를 쳐보는 몸의 적응 연습이 필요한 것이다.

3. 동작 익히기

설장구에는 그 가락에 맞게 해야 할 동작이 있다. 이 동작들은 거울을 보거나 자신의 동작을 직접 보면서 수백 번 반복해 보아야 한다. 예쁘고 노련한 동작은 오랜 시간을 두고 차분하게 연습해야 나올 수 있다.

4. 남의 작품 감상하기

공연이나 발표회 등에서 설장구 작품을 자세히 살펴볼 필요가 있다. 뜻하지 않게 자신이 안 되는 동작에 영감을 받거나 배울 점 등을 찾을 수 있다. 또는 유튜브나 동영상 등의 자료를 활용해 공부해 보는 방법도 있다. 내가 하고 있는 설장구 작품과 내용이 다르더라도 폭넓게 공부해 놓으면 나중에 자신만의 독창적이고 멋진 설장구를 할 수 있는 능력을 기를 수 있다.

5. 자신만의 매력 찾기

남이 하는 대로만 설장구를 한다면 발전도 없고 남에게서 좋은 호응을 받기가 어렵다. 자신만의 장점을 발굴하여 개성 있게 설장구를 해 본다면 큰 성과와 지지가 있을 것으로 본다.

6. 공연 중 관중 의식하기

설장구 연주 시에는 관중을 의식하여야 한다. 시선을 여기저기에 분산시킨다면 지켜보는 관객도 집중하지 못하고 혼란스럽고 불안스러워질 수 있다. 되도록 관중을 응시하면서 주의를 끌도록 노력하여야 훌륭한 연주라는 평가를 받을 수 있다. 평상시 연습을 많이 해야 자신감 있게 관중을 살필 수 있는 여유가 생길 것으로 본다.

7. 정성 어린 연주 자세

동작 하나라도 소홀히 여기지 말고 정성을 다해야 한다. 성의 없는 어설픈 동작은 관중에게 호응을 얻지 못한다. 동작 하나하나를 익힐 때 피나는 연습이 필요하고, 실전과 같은 연습, 정성을 다하는 연주 자세가 되어야 한다고 본다.

8. 동작에 흥 넣기

설장구는 일종에 춤이다. 동작에 노련미가 있더라도 흥이 없다면 좋은 연주가 이루어질 수 없다. 관중을 사로잡는 흥이 모두를 즐겁게 해줄 것이다.

9. 거울과 친숙해 지기

거울은 나의 스승과 같다. 잘못된 동작을 그대로 보여주기 때문이다. 대부분의 사람들이 거울 보기를 꺼려한다. 그러나 이를 극복하는 것만이 자신의 실력을 한층 올리는 방법이 될 것이다.

10. 자신만의 작품 만들어 보기

설장구를 어느 정도 하다 보면, 자신이 좋아하는 동작이나 자신 있는 동작이 생길 것이다. 이런 장점들을 정리하여 자신만의 작품을 만들어 보는 것도 매우 중요하다. 설장구가 10분을 넘어가면 지루해져 흥미를 잃어버린다. 보통 5~7분 정도가 적당하다고 본다.

11. 고급스럽게 설장구 동작 및 가락 다듬기

설장구에서는 장단 가락 연주나 춤사위 둘 다 중요하다. 장단 가락은 강약, 음의 안배, 호흡, 가락에 맞는 동작, 표정, 시선 등이 종합적으로 잘 어우러져야 고급스런 설장구라 볼 수 있다. 이를 위해서는 부단한 노력만이 답이라고 본다.

제2절 설장구인의 예절

1. 공연이나 행사 참여 시 의상은 장소나 상황에 따라 그에 맞도록 단정하게 차려입어야 한다. 옷이 날개라는 말이 있다. 의상은 관객에 대한 예의이며 중요한 역할을 한다.

2. 처음 시작과 끝인사는 공손하게 예를 표해야 한다.

3. 남의 장구를 허락 없이 함부로 다루어서는 안 된다, 실수로 장구에 흠이 생긴다면 난처할 수밖에 없고, 자칫 공연을 방해하는 결과를 초래할 수도 있다.

4. 공연 연주 중 실수가 있더라도 포기하지 말고 요령껏 이어가야 한다. 이는 관객들에 대한 예의이기도 하다.

5. 설장구 공연자의 연주가 끝난 뒤 흉을 보거나 욕설, 비평 등은 삼가야 한다. 칭찬과 격려만이 있을 뿐이다. 연주자에 대한 평가는 관중의 마음속에만 있어야 한다.

제3절 장단의 연주 부호(표기 부호)

　장구를 연주하기 위해서는 가락보를 볼 줄 알아야 하며, 이 장단을 입장단(구음)으로 할 수 있어야 연주를 정확하게 할 수 있다. 또한, 장단을 외우기도 쉽다.

　장단의 표시는 정해진 것이 아니고, 대개의 경우 개인이나 상황에 따라 달리 표기할 수 있다. 구음(입장단)도 마찬가지다. 따라서 여기에 표기된 부호도 여기에서만 사용될 뿐이라는 것을 알아야 할 것이다. 괄호 안( )은 구음을 표시한 것이다. 이 책에서 나오는 장단을 공부하려면 먼저 연주 부호를 이해해야 할 것이다.

　(1) ○ (궁, 구) 궁채로 궁편을 치는 것. 약하게 칠 때는 "구"라고 구음하기도 한다. "◦"으로 표기하고 "구"라 구음하지만 때로는 꾸밈음으로 쓰이기도 한다.

　(2) │ (따, 딱) 열채로 채편을 치는 것. 열채를 보다 강하게 쳐야 할 때는 "딱"으로 구음한다.

　(3) ⊕ (덩) 궁채(궁편)와 열채(열편)를 동시에 친다.

　(4) ◐ (덩) 채편에서 궁채와 열채를 동시에 친다. 넘겨 치는 덩이다. "더"로 구음하기도 한다.

　(5) ● (궁) 궁채를 넘겨 채편에 치는 것이다.

　(6) ・ (다, 더) 열채 끝으로 살짝 튕기듯이 친다.

　(7) ○ (구) 궁을 약하게 치는 것이다. 또는 궁의 꾸밈음으로 쓰이기도 한다.

　(8) ｉ (기덕) 채편의 "따"를 겹쳐 치는 기법이다. "따"의 꾸밈음.

(9) ◎ (구궁) 소리반주 등에서 흔히 쓰이는 기법이다. 궁을 겹쳐 치는 기법으로 "열채 기덕"의 기법과 비슷하다. "∘○"으로 표기하기도 한다.

(10) ï (드르덕) "기덕"의 응용 박으로 "기기덕"처럼 친다. 소리반주에서 흔히 쓰인다.

(11) •⋯ (더러러러) 열채 끝으로 채편을 튕기듯 굴러서 날려 친다. 해당 박자 안에서 채끝을 서너 번 치되 첫 번째는 크게 나머지는 점차 작게 치는 방법으로 연습한다. "⁝"로 표기하기도 한다.

(12) ◉ (구궁) 열채편에 궁을 겹쳐치는 기법이다.

(13) × (짝) 열채와 궁채를 마주친다.

(14) ·· (다다, 따다) 열채를 두 번 튕긴다.

(15) ⋯ (다다다) 열채를 세 번 튕긴다. "⁝"로 표기하기도 한다.

제4절 장구에 끈 매기

설장구를 하려면 우선 장구를 몸에 맬 수 있도록 장구에 끈을 매어야 한다. 예전에는 기저귀 감을 그대로 많이 사용하였으나 요즘에는 누벼진 천 끈을 많이 사용한다. 천의 종류도 다양하고 색상도 다양하다.

장구에 묶는 방법도 몇 가지가 있다. 한 곳에 고정하여 그대로 매는 방법과 매는 끈을 장구 줄에 돌려 고정하면서 매듭짓는 방법이 있다. 나름 장·단 점이 있으리라고 본다.

여기에서는 후자의 방법을 설명하도록 하겠다.

1. 장구 조임줄 매듭 부분, 궁채편 쪽 조임줄에서 사진에서와 같이 줄 사이로 끈을 끼워 감아 돌리면서 첫 부분을 고정한다.

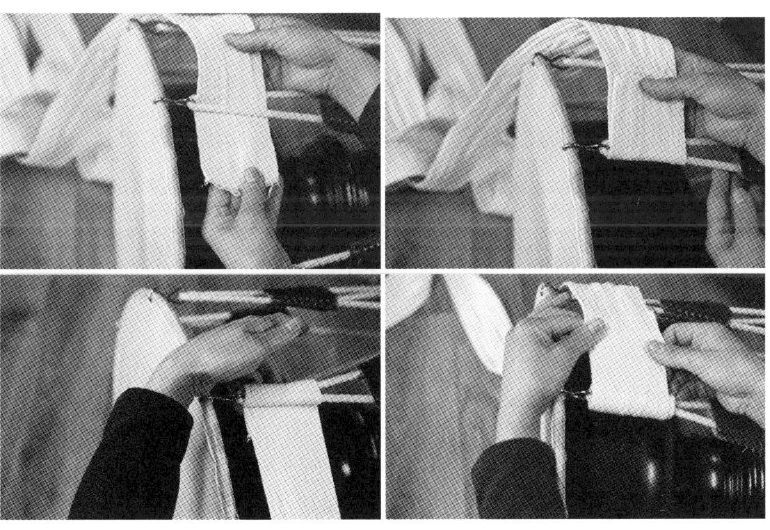

2. 궁편 테를 따라 조임줄 위로 팽팽하게 감아서 처음 시작 부분
한 간살 전까지 돌린 다음 사진처럼 묶어 고정시킨다.

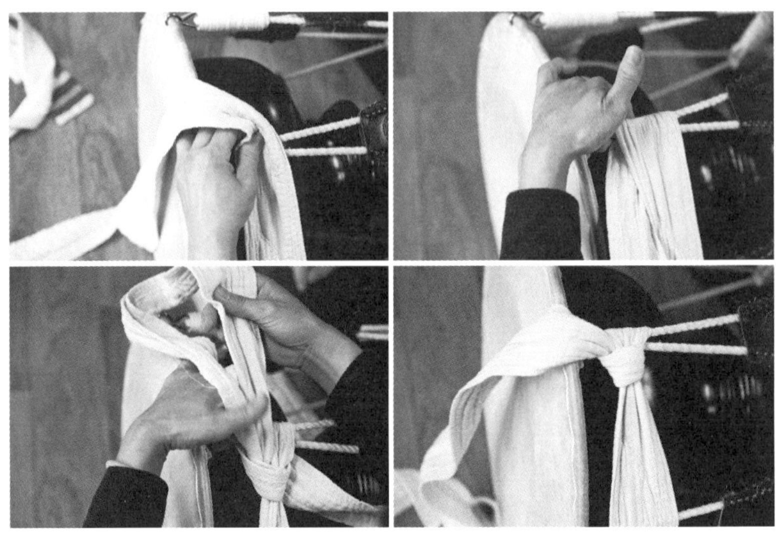

3. 장구를 들어 어깨에 멘다. 장구을 맨 상태에서 장구의 테가 명
치부분 까지 오도록 끈을 당겨 조정한다.

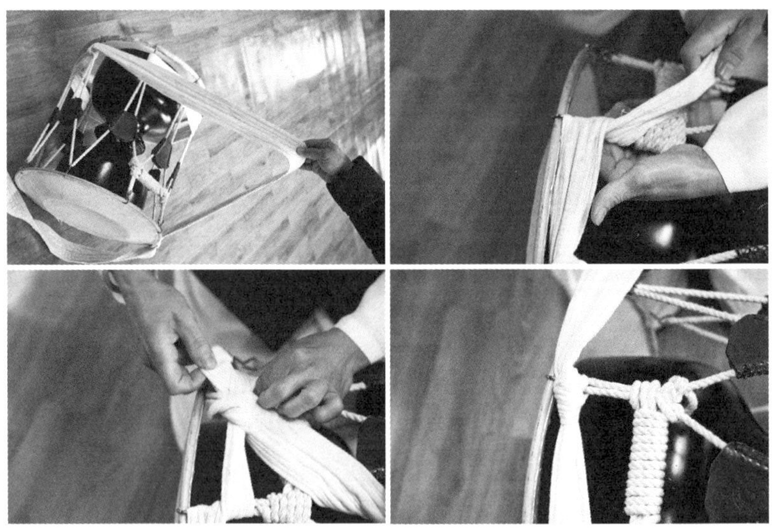

가늠하여 조정한 끈을 그대로 채편 조임줄 테 부분에 묶어 고정
한다.

어깨에 멘 장구를 몸에서 내려놓고 고정된 끈을 채편쪽에서 두 간
살 감아서 묶으면 장구에 끈 매기는 끝난다.
설명에는 한계가 있으므로, 장구에 끈 매기는 실습을 통해 이해하
고 익히도록 하자.

제5절 치복에 삼색띠 갖추기

    치복은 대체로 하얀색이다. 흰색은 예로부터 일반 서민의 옷 색이었고 삼색띠의 삼색(빨강, 노랑, 청색)를 합한 결과로 보고 있다. 그러나 한복과 같은 색상과 다양하게 디자인된 의상을 갖추기도 한다. 삼색띠는 무속에서 연유된 것으로 보기도 하며 신성의 상징을 의미한다고 한다. 삼색띠에 대한 의견도 분분하여 딱히 무어라고 결론 내리기가 어렵다. 여기서는 하얀 바탕의 치복에 삼색띠 매는 방법을 알아보자. 삼색띠 착용 방법은 지역마다 다르고 색깔에도 다소 차이가 있으며 해석도 분분하다.

    삼색띠 매는 순서는 다음과 같다.

1. 청색띠 매기

    청색은 하늘(남자, 양, 동쪽)을 의미하며, 왼쪽 어깨에서 오른쪽 대각선으로 두르고, 허리띠(골반) 부분에서 매듭을 짓는다.

    여기서 대각선으로 매는 이유는 남자와 여자의 얽힘을 의미하며 이는 자식을 생산하는 완성으로 보고 있다.

2. 홍색(빨강)띠

빨강은 땅(여자, 음, 남쪽)을 의미하며, 오른쪽 어깨에서 왼쪽 대각선으로 허리띠 부분에서 매듭을 짓는다.

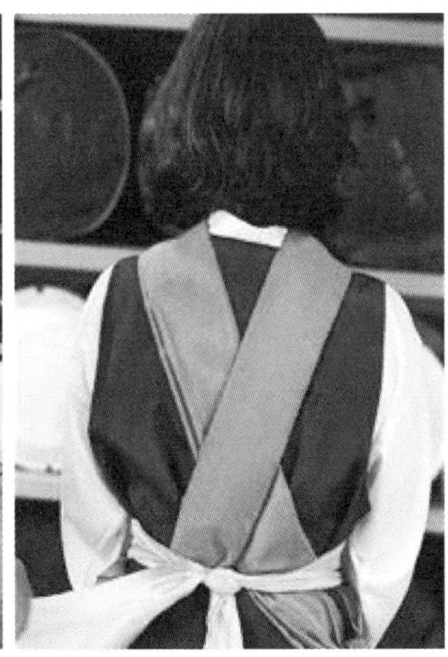

3. 노란색띠

노란색은 인간(자식)을 말하며 완성을 의미하기도 한다. 허리 뒷부분에 묶는다.

4, 마무리하기

삼색띠는 나비 모양으로 예쁘게 만들어야 하며, 3개의 띠 끝이 장단지 부분까지 오게 조정한다.

눈으로만 익히지 말고 반드시 실습해 보도록 하자. 삼색띠의 착용은 누구의 손을 빌리기보다 혼자 해결해야 할 일이기도 하다.

제6절 몸에 장구 메기

장구를 몸에 잘 고정시켜야 설장구를 연주하기가 편하다. 잘못 고정되면 안정감이 떨어져 연주하기가 불편하고 자세가 흐트러져 보기에도 안 좋다.

1. 장구의 채편 가죽테가 명치를 기준으로 몸의 중앙에 오도록 한다.

2. 끈을 잡고 허리에 감아 채편 쪽에 묶는다. 이때 장구가 몸에 바짝 붙도록 끈을 단단히 당겨서 장구에 묶도록 한다.

3. 필요하다면 허리에 고정할 끈을 더 준비할 수 있다.

제7절 설장구 기본 일러두기

설장구 본 장단에 들어가기 전에 기본사항을 살펴보도록 하자.

1. 일반사항

가. 몸에 맞는 장구 고르기

앉아 치는 장구는 대충 사용할 수 있으나, 설장구의 경우에는 장구가 몸의 균형에 맞아야 우선 연주하기 편하고 몸맵시도 난다. 몸에 맞지 않게 너무 커도 안 좋고, 너무 작아도 안 좋다.

장구를 고를 때에는 몸에 직접 맞춰보거나, 경력있는 장구잽이의 조언을 받아 구입하는 게 좋다.

나. 장구 가죽 고르기

풍물패에서는 내 장구 소리가 전체적으로 묻혀가기 때문에 장구 음질을 평가할 수 없다. 그러나 설장구에서는 독주로 할 경우가 있기 때문에 장구 소리가 제대로 나지 않으면 그 효과가 떨어질 것이다.

궁편은 궁편다운 소리가 나야 하고 채편은 채편다운 소리가 나야 멋있는 가락이 되리라 생각한다. 좋은 가죽을 고르기 위해서는 장구잽이로서 경력이 풍부하여 잘 판단할 수 있는 사람과 동행하든지, 그러지 않으면 믿을 만한 장구조립업자에게 맡겨서 처리하는 방법이 있다. 조금 비싸기는 하지만 장구를 기성 제품 그대로 구입하기 보다는, 가죽의 이치를 잘 알고 조립하여 판매하는 업자에게 주문하여 구입하여야 좋다.

"서투른 목수가 연장 탓 한다."는 속담이 있지만 고급스런 장구 연주자가 되려면 가죽 고르기도 중요한 부분이라 생각한다.

다. 궁채와 열채 고르기

자신의 몸(팔길이 등)과 장구가 잘 맞는 궁채와 열채를 골라야 한다. 너무 길어도 안 좋고, 너무 짧아도 안 좋다. 궁채는 약간의 탄력이 있어야 좋고 손가락 사이에서 자꾸 빠져나와도 안 좋다. 열채도 마찬가지로 너무 길어도 안 좋고, 너무 짧아도 안 좋다. 열채를 쥔 손잡이 부분이 손바닥에서 자꾸 미끄러져도 연주에 불편을 줄 수 있다. 열채 두께가 너무 두꺼워 투박해도 소리가 안 좋고, 너무 가늘면 소리가 약할 수 있다. 자신에 맞는 채를 잘 골라보자.

라. 장구 가죽 관리

장구를 연주하려 할 때는 장구 조이개를 조정하여 알맞게 조이고, 연주가 끝나면 반드시 풀어 놓아야 한다. 장구 조이개는 장구 음을 조정할 수 있으며 장구 가죽을 보호하는 역할을 한다. 장구는 습기 찬 곳이나 직사광선 등 열이 직접적으로 가해지는 곳에 두어서는 안 된다. 장구통(울림통)이나 가죽에 손상이 올 수 있다. 보관이나 이동 시에도 장구 가방을 이용하면 좋다.

마. 구음(입장단)의 중요성 알기

첫 번째 구음은 우선 장단을 외우기에 좋은 수단이다. 장단을 쉽게 외우기 위하여 다른 말로 바꾸어 사용하기도 한다. 예를 들어 자진모리를 배울 때 "땅도 땅도 내 땅이다. 여기 땅도 내 땅이다."라는 구음을 만들어 볼 수 있다.

두 번째 장단의 안배를 이해할 수 있다. 설장구 동작을 하면서 구음을 하면 이를 이해할 수 있다.

세 번째 가르칠 때 구령처럼 활용할 수 있다.

이렇듯 구음을 잘 활용하면 자동적으로 가락이 연상되고 연주가 자연스럽게 이루어질 것이다.

바. 장구 소리 만들기

예쁜 장구 소리를 만들려면 많은 연구와 시행착오가 필요하다. 좋은 소리는 짧은 시간에 만들어지는 것이 아니다. 모든 악기가 그렇듯이 오랜 기간의 연습 속에서 이루어질 수 있다. 장구에 왕도는 없다고 본다. 미친 듯이 많이 쳐 보아야 한다. 내 장구 소리가 자신이 들어도 좋으면 남들도 듣기 좋다.

사. 선생님을 찾아 설장구 배우기

설장구를 혼자서 터득하기는 어렵다고 본다. 좋은 선생님을 찾아 배우는 게 가장 빨리 배울 수 있고, 쉽게 배울 수 있으며, 완전하게 배울 수 있다고 본다. 잘 안되는 동작은 선생님에게 거듭 질문하여 이해하도록 하자.

2. 설장구 동작에 대하여

설장구의 자세와 움직임은 무엇보다 활기차고 예쁘게 하여서 그 흥을 관객에게 선사하여야 한다. 그러기 위해서는 기본적인 자세가 필요하다. 이에 대해 살펴보자.

(1) 허리를 곧게 세운다.

(2) 온몸에 힘을 빼서 몸을 부드럽게 한다. 그러나 때에 따라서는 강하게 나가고 힘차게 움직일 수도 있다.

(3) "대삼소삼"이란 단어 뜻처럼 몸을 크게 움직이면 작게 움직이는 동작이 필요하고, 장단도 크게 치면 작게 치는 리듬을 만들어야 한다.

(4) 굴신은 항상 필요한 동작이다. 동작에 따라 알맞게 사용하여야 한다.

(5) 양 무릎 또는 장단지를 스치듯이 걷는 게 좋다. 다리를 벌리고 걸으면 보기 싫을 수 있다. 걷는 모양도 중요하므로 거울 보면서 연습해 보자. 발을 움직일 때, 팔자걸음처럼 너무 벌려도 안 좋고 오리걸음처럼 오므려도 안 좋다,

(6) 발끝을 이용해 사뿐사뿐 걷거나, 발을 장단의 호흡에 맞춰 경쾌하게 움직인다. 설장구에 있어서 발의 움직임은 중요하다. 대충 뭉개듯 하지 말고 정확한 스텝을 구사하여야 한다.

(7) 장단과 몸짓은 일치하여야 하며, 되도록 여유 있고 크게 하면 좋고, 첫 동작은 크게, 이어가는 동작은 작게 하면 동작의 리듬이 이루어질 것이다.

(8) 발 디딤에 있어 발 뒤꿈치 딛기와 꽃발 딛기, 발 앞꿈치 딛기 등은 설장구 동작에 맞게 잘 구사하여야 한다. 설장구 발 디딤의 시작은 원칙적으로 왼발이다.

(9) 단체로 짝을 맞추어 할 경우에는 단체의 호흡과 리듬이 통일되도록 서로의 배려가 필요하다. 자신의 동작을 돋보이기 위해서 필요 이상의 행위를 하여서는 안 될 것이다.

(10) 시선은 항상 관객을 의식한다. 관객을 응시하며 관객과 호흡할 때 프로의 설장구인이 될 것이다. 얼굴 표정 관리도 중요하다. 미소와 즐거움이 얼굴에 묻어나야 할 것이다. 이 수준에 이르려면 많은 연습과 실전(공연) 경험이 풍부해야 나올 수 있다고 생각한다.

(11) 몸의 자세는 정면보다 약간 비켜서는 자세가 좋다. 미스코리아 대회에서 미녀들이 서는 자세를 회상해 보면 될 듯싶다.

(12) 움직임의 동선은 약간 지그재그(갈지자형) 형식으로 하여야 좋다. 장구의 움직임이 느껴져 더 흥미롭게 보여질 수 있다.

(13) 피나는 노력으로 자신감이 넘칠 때, 최고의 실력을 발휘할 수 있을 것이다. 마지막으로 강조하고 싶은 것은 꾸준한 연습만이 답이라고 본다.

3. 궁채와 열채

가. 궁채

(1) 궁채 잡는 법

궁채의 손잡이를 왼손의 엄지와 검지 사이에 끼워 잡는다. 다시
약지와 새끼손가락 사이에 받쳐주는 형식으로 가볍게 끼운다.

(2) 타법

궁채는 위에서 아래로 내려치면서 부드럽게 움직여야 좋고, 장구 가죽의 복판에 이르러 스피드(스냅) 있게 친다. 궁채 소리에 따라 연주자의 경력이나 기력(공력)을 가늠해 볼 수 있다.

나. 열채

(1) 열채 잡는 법

열채는 오른손 엄지의 첫 번째 마디와 검지의 두 번째 마디 사이
에 열채의 손잡이를 넣어 나머지 손가락과 함께 가볍게 쥐는 형식
으로 잡는다.

(2) 타법

열채는 옆으로 움직이는 것이 원칙이고, 강하게 칠 때는 더 벌리고, 약하게 또는 빠르게 칠 때는 장구와 가깝게 하여 친다.

(3) 채편의 궁채와 열채

넘겨치는 덩이나 채편에서의 궁채와 열채의 연주 모습이다.

다. 설장구 장단 연주 주의점

장단 연주에 있어 몰아가는 빠른 가락도 좋지만, 되도록 명확하게 장단을 쳐야 좋다. 무슨 가락인지 모르게 가락을 뭉개 버리면 그 가락의 맛이 떨어지고 말 것이다. 빨리만 몰아치는 게 능사는 아니라고 본다.

장단에 어느 정도 익숙해지면 "따"나 "궁"부분을 "기덕"이나 "구궁"으로 대체하여 고급스럽고 멋진 연주를 할 수 있다.

4. 장구의 기덕이나 구궁에 대한 의견

장구의 멋진 연주에는 당연히 꾸밈음인 "기덕"이나 "구궁"의 기법이 필수적이다.

설장구 공연 시 대중 앞에 서다 보면 자신도 모르게 긴장되고 흥분된다. 이때 쉽게 드러나는 점은 가락이 빨라진다는 점이다.

가락이 빨라지다 보면 장단이 흐트러지기 쉽다, 결국 가락이 뭉개지듯 들리므로 장단 본연의 맛을 잃어버리는 결과를 초래할 수도 있다.

특히나 빠른 가락에 "기덕"이나 "구궁"을 고집하면서 연주한다면 더 어려운 상황이 될 수 있다.

꾸밈음 자체가 앞 박의 영역을 약간 침범하기 때문에 신중을 기하지 않으면 전체 장단에 영향을 줄 수 있다.

따라서 소리를 깔끔하게 처리하여야 하는 부분이나 마무리를 깔끔하게 처리해야 할 경우 등에서는 원박으로 처리함이 좋다고 본다.

제8절 설장구 가락 분석

여기에서 소개하는 김종회(예명 김회열)류 설장구 가락의 구성은 내드름, 휘모리, 오방진, 굿거리, 자진모리 순으로 하였다. 설장구 가락의 구성은 설장구 유파에 따라 다르고, 개인 작품 성향에 따라 달리 짤 수 있다.

1. 내드름

내드름은 일명 머리가락, 준비 가락, 장구를 푸는 가락, 다스름, 입장 가락, 도입 가락 등 다양하게 불리어지고 있다.

내드름 장단의 짜임은 딱히 정해져 있다고 볼 수가 없다. 내드름 장단으로는 휘모리, 오방진, 자진모리, 굿거리, 연풍대, 후두둑 등 연주자가 평상시 잘하는 장단 또는 자신 있는 동작 등으로 시작할 수 있다.

내드름은 연주자의 창작 분야로써 장단 짜임에 대하여는 선택의 여지가 있다고 본다. 내드름 가락은 개인 취향에 따라 다양하게 만들 수 있다.

참고로 김종회 선생님은 휘모리를 머리가락으로 즐겨 사용하셨다.

내드름이 몸을 풀기 위한 가락이라 설명하기도 하지만 작품의 첫인상을 선보이는 가락이기도 함으로 잘만 소화해 내면 입장 가락부터 관중의 환호를 받을 수 있다.

여기서 소개한 가락은 단체로 움직일 때 유용하게 활용할 수 있다.

번호	1	2	3	4	5	6	7	8	비고
1	◑				●	|	●		
입장단	덩		허이		궁	따	궁		

이 휘모리장단으로 연주자가 무대를 가늠해 보면서 시작 위치를 찾기도 하고, 단체의 경우에는 짝을 찾아갈 수도 있다. 따라서 연주 회수는 장소와 상황 또는 서로의 약속에 따라야 한다.

시작은 까치걸음으로 가다가 연풍 형식으로 돌면서 연주하는 가락이다.

가락의 안배와 거기에 맞는 몸동작이 하나의 호흡이 되어서 잘 맞아떨어져야 경쾌하고 흥미롭게 보일 수 있다.

■ 출발 자세

이 장단은 4개 동작으로 나누어 설명할 수 있다.

하나, "덩"을 치며 오금과 함께 누르는 호흡으로 왼발을 앞으로 내딛으며 까치걸음으로 이동.

둘, 속으로 "허이"를 구음하며 약간 올라서는 까치걸음으로 이동

셋, "궁따"을 치며 누르는

호흡으로 까치걸음 이동

넷, 올라서는 호흡 자세로"궁"을 치며 다음 동작을 준비한다.

연이은 동작에서는 왼발과 오른발이 교대로 바뀌어 까치걸음으로 이동한다.

■ 이동하는 모습

첫 장단이고 동작이므로, 장단은 힘차게 동작은 크고 여유 있게 하면 좋다.

보통 전진 4회 정도 장단을 치고 연풍 동작으로 4~8회 정도 친다.

돌기 동작은 설명보다 직접 해보면서 익혀 보도록 하자.

돌기는 왼쪽, 오른쪽 다 가능하다.

"궁따궁(5, 6, 7번째)"은 채편으로 넘겨 친다.

이 장단을 빠르게 몰아치다 보면 자진모리 가락으로 인식되기도 한다.

이는 장단의 안배를 무시한 결과이기도 하다. 이로 인해 어떤 이는 휘모리를 3분 박으로 이해하려는 경우도 보았다. 그러나 휘모리는 2분 박으로 이해해야 혼선이 없을 것 같다.

위 박을 3분 박으로 표시했을 때에는 다음과 같다.

번호	1	2	3	4	5	6	7	8	9	10	11	12	비고
1	◑		●	|	●		◑		●	|	●		
입장단	덩		궁	따	궁		덩		궁	따	궁		

다음 가락은 관중을 의식하고 자리를 잡았을 때 치는 장단이다.
둘 이상이 칠 때는 서로 마주할 때이다.

번호	1	2	3	4	5	6	7	8	비고
2	①				●				
입장단	덩				궁				

번호	1	2	3	4	5	6	7	8	비고
3	○				●				
입장단	궁				궁				

2번 장단으로 쟁반돌림(열채발림) 시계방향 1회
3번 장단으로 쟁반돌림(열채발림) 시계방향 1회

■ 쟁반놀이
(열채발림) 자세

번호	1	2	3	4	5	6	7	8	비고
4	○		●		○		●		
입장단	궁		궁		궁		궁		

번호	1	2	3	4	5	6	7	8	비고
5	ǀ		○		●	ǀ	●	ǀ	
입장단	딱		궁		궁	따	궁	따	

4번 장단으로 쟁반돌림(열채발림) 시계반대방향으로 돌림 2회
이어서 5번 장단을 친다.

번호	1	2	3	4	5	6	7	8	비고
6	○		●		○		●		
입장단	궁		궁		궁		궁		

번호	1	2	3	4	5	6	7	8	비고
7	ǀ		○		●	ǀ	●		
입장단	딱		궁		궁	따	궁		

6번 장단으로 쟁반돌림(열채발림) 시계방향으로 2회 돌림
이어서 7번 장단을 친다.

번호	1	2	3	4	5	6	7	8	비고
8	◑	○	○		◑	○	○		
입장단	덩	궁	궁		덩	궁	궁		

장단을 치면서 앞 "덩궁궁(1,2,3)"에 몸을 앞으로 수구렸다가 뒤
"덩궁궁(5,6,7)"에 몸을 세우는 동작이다.

번호	1	2	3	4	5	6	7	8	비고
9	⏀	○	○	∣	○	∣	○		
입장단	덩	궁	궁	따	궁	따	궁		

번호	1	2	3	4	5	6	7	8	비고
10	⏀	○	○	∣	○	∣	○		
입장단	덩	궁	궁	따	궁	따	궁		

장단을 치면서 몸을 앞으로 수구렸다가 몸을 세우는 동작이다.

번호	1	2	3	4	5	6	7	8	비고
11	⏀	⏀	⏀	⏀	⏀	⏀	⏀	⏀	
입장단	덩	덩	덩	덩	덩	덩	덩	덩	

번호	1	2	3	4	5	6	7	8	비고
12	⏀	⏀	⏀	⏀	○	∣	○		
입장단	덩	덩	덩	덩	궁	따	궁		

11번과 12번 장단은 사물놀이에서도 많이 사용된다. "덩덩덩덩"은 3부분(11번 1,2,3,4-5,6,7,8-12번 1,2.3,4)으로 나누어 점점 크게 때린다.

빠르게 붙여가는 가락이라 자연스러우면서 연속적으로 잘 연주되어야 극적으로 몰아가는 효과를 거둘 수 있다.

2. 휘모리

휘모리는 4박으로 소박을 8칸이나 16칸까지 나누어 표기할 수 있으나 지면상 조잡할 수 있으므로 8칸으로 나누어 표기하였다.

번호	1	2	3	4	5	6	7	8	비고
1	◐		◐		●	❘	●		
입장단	덩		덩		궁	따	궁		

이 장단은 전형적인 휘모리 기본 가락이다. 이 가락을 처음 배우면서 지루하리만큼 많이 연습하였으나, 이제 와서 생각해 보니 그만큼 중요한 장단이었고, 현장에서 가장 많이 활용되는 장단이기도 하다.

걸음새는 까치걸음이다. 본 설장구 장단의 시작이며, 제자리 서서 2회, 움직이면서 4회를 친다.

주의할 점은 "1째 칸" "덩"과 "3째 칸" "덩"은 모두 강하게 쳐야 하며, "1째 칸" "덩"보다 "3째 칸" "덩"을 더 강하게 친다는 느낌이어야 가락의 맛이 난다.

번호	1	2	3	4	5	6	7	8	비고
2	❘		○		●	❘	●		
입장단	딱		궁		궁	따	궁		

이 가락은 약간 경쾌한 가락으로 궁채를 높이 쳐들고 뛰는 듯이 움직인다.

걸음새는 전진 까치걸음 또는 발받이 걸음 형태이다.

장단에 왼발, 오른발이 교대로 사용된다.

장단을 연주하는 회수는 4회이다.

번호	1	2	3	4	5	6	7	8	비고
3	◑		·	·	●	∣	●		
입장단	덩		다	다	궁	따	궁		

걸음새는 전진 까치걸음이다.

연주 회수는 4회이다.

번호	1	2	3	4	5	6	7	8	비고
4	○	∣	○		●	∣	●		
입장단	궁	따	궁	다	궁	따	궁	다	

걸음새는 삼채걸음이다.

몸을 시계방향 사선으로 움직였다가 시계반대방향 사선으로 움직인다.

연주 회수는 4회이다.

번호	1	2	3	4	5	6	7	8	비고
5	○	∣	●	·	○	∣	●	·	
입장단	궁	따	궁	다	궁	따	궁	다	

제자리에서 4회 연주한다. 소리는 약간 작게 치며 몸은 좌우새를 한다.

번호	1	2	3	4	5	6	7	8	비고
6	|		○		●	|	●		
입장단	딱		궁		궁	따	궁		

이 장단은 제자리 발놀음 동작이다.

설명보다는 실제로 해보면서 이해해야 할 것으로 본다.

연주 회수는 2회이다.

번호	1	2	3	4	5	6	7	8	비고
7	|		○		●	|	●	|	
입장단	딱		궁		궁	따	궁	따	

제자리 발놀음

번호	1	2	3	4	5	6	7	8	비고
8	○		●		○		●		
입장단	궁		궁		궁		궁		

쟁반 놀음, 앞으로 이동

번호	1	2	3	4	5	6	7	8	비고
9	|		○		●	|	●	|	
입장단	딱		궁		궁	따	궁	따	

뒤로 제자리

번호	1	2	3	4	5	6	7	8	비고
10	○		●		○		●		
입장단	궁		궁		궁		궁		

쟁반 놀음, 앞으로 이동

번호	1	2	3	4	5	6	7	8	비고
11	｜		○		●	｜	●		
입장단	딱		궁		궁	따	궁		

뒤로 이동하면서 휘모리 마무리.

3. 오방진

　오방진이란 말은 다섯 방향을 나타내는 방위 개념에서 유래되었다고 보며, 동은 청색(靑), 서는 백색(白), 남은 적색(赤), 북은 흑색(黑), 중앙은 황색(黃)의 다섯 색으로 구분한다. 이는 우주를 구성하는 기본 원리인 음양오행에 근거를 두고 있다. 오방색은 나무, 금속, 불, 물, 흙의 상징이며, 자연과 인간의 조화와 균형을 의미한다. 오방진 판굿에서는 다섯 방위를 생각하며 멍석말이씩으로 5번을 감았다 푸는 형식으로 이루어진다. 이에 멍석말이, 덕석몰이, 고동진, 방울진, 달팽이진이라 부르기도 한다. 무악에서는 8분의 12박자로 연주하지만 농악놀이에서는 2소박 4박 계열의 장단형을 사용한다.

　오방진(동살풀이)는 4박자로 휘모리 형태이지만 가락 흐름이 다르다. 휘모리는 몰아치는 감이 있으나, 동살풀이는 노래가락을 연주하듯이 일정한 리듬으로 절도있게 흥을 돋을 수 있다.

　오방진은 4박 16칸으로 나누어 표기할 수 있으나 지면상 조잡할 수 있으므로 8칸으로 나누어 표기하였다.

번호	1	2	3	4	5	6	7	8	비고
1	⊕				⊕				
입장단	덩				덩				

번호	1	2	3	4	5	6	7	8	비고
2	⊕		⊕		｜		·		
입장단	덩		덩		따		다		

제자리에서 발바꿈 동작을 하거나 앞, 뒤로 움직이면서 장단을 칠 수 있다.

2번의 7째 가락을 "따(|)"로 연주할 수 있다.

1번과 2번 장단은 한 쌍으로 이루어져 있다. 즉, 한 장단처럼 연주되는 것이다.

번호	1	2	3	4	5	6	7	8	비고
3	◐	○	○		◐	○	○		
입장단	덩	궁	궁		덩	궁	궁		

번호	1	2	3	4	5	6	7	8	비고
4	◐		◐					•	
입장단	덩		덩		따		다		

제자리에서 발바꿈 동작을 하거나 앞, 뒤로 움직이면서 장단을 칠 수 있다.

4번의 7째 가락을 "따(|)"로 연주할 수 있다.

3번과 4번 장단은 한 쌍으로 이루어져 있다.

1번, 2번, 3번, 4번 장단은 한 집처럼 연주된다.

번호	1	2	3	4	5	6	7	8	비고
5	◐				|		|		
입장단	덩				따		따		

번호	1	2	3	4	5	6	7	8	비고
6	●		|	●	●		|		
입장단	덩		따	궁	궁		따		

걸음새를 좌측 45도 방향으로 이동하면서 연주한다.

5번과 6번은 한 쌍의 장단이다.

6번의 4번째 "궁"을 "구"로 입장단 할 수 있다.

번호	1	2	3	4	5	6	7	8	비고
7	①				l		l		
입장단	덩				따		따		

번호	1	2	3	4	5	6	7	8	비고
8	●	●	l	●	●		l		
입장단	궁	궁	따	궁	궁		따		

걸음새를 우측 45도 방향으로 이동하면서 연주한다.

7번과 8번은 한 쌍의 장단이다.

8번의 1번째와 4번째 "궁"을 "구"로 입장단 할 수 있다.

5번, 6번, 7번, 8번은 한 집 같은 장단이다.

번호	1	2	3	4	5	6	7	8	비고
9	①				l		l		
입장단	덩				따		따		

번호	1	2	3	4	5	6	7	8	비고
10	l	●	●	l	●	l	●		
입장단	따	궁	궁	따	궁	따	궁		

몸을 시계 반대 방향으로 회전하면서 치는 장단이다.

9번과 10번도 한 쌍의 장단이다.

번호	1	2	3	4	5	6	7	8	비고
11	ǀ		○		●	ǀ	●		
입장단	딱		궁		궁	따	궁		

까치걸음 좌우새로 이동하면서 연주하는 가락이다.

연주회수는 2회이다.

번호	1	2	3	4	5	6	7	8	비고
12	ǀ	●	●	ǀ	●	ǀ	●		
입장단	따	궁	궁	따	궁	따	궁		

까치걸음 좌우새로 이동하면서 연주하는 가락이다.

연주회수는 2회이다.

번호	1	2	3	4	5	6	7	8	비고
13	ǀ	○	○	ǀ	○	ǀ	○		
입장단	따	궁	궁	따	궁	따	궁		

번호	1	2	3	4	5	6	7	8	비고
14	ǀ	●	●	ǀ	●	ǀ	●		
입장단	따	궁	궁	따	궁	따	궁		

13번과 14번 장단은 한 쌍으로 묶어서 4회 연주된다.

시계방향 후진 한 바퀴 돌기(13번, 14번 2회 연주), 후진 까치걸음으로 13번과 14번 장단을 2회 연주하는 동작이다.

□ 쟁반놀이

쟁반놀이는 오른쪽(시계 반대 방향)으로 원을 그리는 동작으로 연주한다.

번호	1	2	3	4	5	6	7	8	비고
15	○		○		○	|	○		
입장단	궁		궁		궁	따	궁		

열채놀음 동작이 들어간다.

번호	1	2	3	4	5	6	7	8	비고
16	①				●				
입장단	덩				궁				

열채를 열채편 가죽에서 시계방향으로 돌린다.

번호	1	2	3	4	5	6	7	8	비고
17	○				●				
입장단	궁				궁				

열채를 열채편 가죽에서 시계방향으로 돌린다

번호	1	2	3	4	5	6	7	8	비고
18	○		●		○		●		
입장단	궁		궁		궁		궁		

열채를 열채편 가죽에서 시계 반대 방향으로 돌린다.

번호	1	2	3	4	5	6	7	8	비고
19	○		○		○	|	○		
입장단	궁		궁		궁	따	궁		

번호	1	2	3	4	5	6	7	8	비고
20	⊕		·	·	⊕		·	·	
입장단	덩		다	다	덩		다	다	

번호	1	2	3	4	5	6	7	8	비고
21	⊕		·	·	●		|		
입장단	덩		다	다	궁		따		

번호	1	2	3	4	5	6	7	8	비고
22	○		○		○	|	○		
입장단	궁		궁		궁	따	궁		

번호	1	2	3	4	5	6	7	8	비고
23	⊕		·	·	○	|	|	|	
입장단	덩		다	다	궁	따	따	따	

번호	1	2	3	4	5	6	7	8	비고
24	○		○		○	|	○		
입장단	궁		궁		궁	따	궁		

번호	1	2	3	4	5	6	7	8	비고
25	◑		·	·	|		·	·	
입장단	덩		다	다	딱		다	다	

번호	1	2	3	4	5	6	7	8	비고
26	|		|		●	|	●		
입장단	따		따		궁	따	궁		

발 받쳐 뛰기

25번과 26번은 한 쌍의 장단이다.

번호	1	2	3	4	5	6	7	8	비고
27	◑				×	×	×		
입장단	덩				짝	짝	짝		

몸을 회전하면서 궁채와 열채를 들어 올려 교차 형태로 친다.

번호	1	2	3	4	5	6	7	8	비고
28	|		○		●	|	●		
입장단	딱		궁		궁	따	궁		

쟁반 놀이 맺음 장단

번호	1	2	3	4	5	6	7	8	비고
29	◑		·	·	●	|	●		
입장단	덩		다	다	궁	따	궁		

연주 횟수 4회

"1번 칸 ◑"를 "◑○"으로 바꾸어 칠 수 있다.

열채 놀이 이음 장단이다.

□ 열채놀이

번호	1	2	3	4	5	6	7	8	비고
30	⏀	○	○		⏀	○	○		
입장단	덩	궁	궁		덩	궁	궁		

번호	1	2	3	4	5	6	7	8	비고
31	⏀		○		｜		｜		
입장단	덩		궁		따		따		

7번째 "따(ㅣ)"를 다(·)로 바꿔 칠 수 있다.

30번과 31번은 한 쌍의 장단이다.

발 바꾸기 동작

번호	1	2	3	4	5	6	7	8	비고
32	⏀				⏀				
입장단	덩				덩				

번호	1	2	3	4	5	6	7	8	비고
33	⏀		○		｜		｜		
입장단	덩		궁		따		따		

7번째 "따(ㅣ)"를 다(·)로 칠 수 있다.

32번과 33번은 한 쌍의 장단이다.

발 바꾸기 동작

번호	1	2	3	4	5	6	7	8	비고
34	①				i				
입장단	덩				기덕				

번호	1	2	3	4	5	6	7	8	비고
35	i				i		·		
입장단	기덕				기덕		다		

34번과 35번은 한 쌍의 장단이다.

궁채 놀이에 까치걸음으로 전진하며 연주회수는 2회이다.

번호	1	2	3	4	5	6	7	8	비고
36	①		·	·	|		·	·	
입장단	덩		다	다	딱		다	다	

번호	1	2	3	4	5	6	7	8	비고
37	|		·	·	|		·	·	
입장단	딱		다	다	딱		다	다	

36번과 37번은 한 쌍의 장단이다.

궁채 놀이에 까치걸음으로 전진하며, 연주 횟수 2회이다.

번호	1	2	3	4	5	6	7	8	비고
38	①		·	·	|		·	·	
입장단	덩		다	다	딱		다	다	

번호	1	2	3	4	5	6	7	8	비고
39	|		|		|		·	·	
입장단	딱		딱		딱		다	다	

38번과 39번은 한 쌍의 장단이다.

궁채 놀이에 까치걸음으로 후진한다. 연주회수 2회이다

40번과 41번은 한 쌍의 장단이다.

번호	1	2	3	4	5	6	7	8	비고
40	①				i		|		
입장단	덩				기덕		따		

번호	1	2	3	4	5	6	7	8	비고
41	•	•	•	•	|		•		
입장단	다	다	다	다	땃		다		

궁채 놀이에 까치걸음으로 전진

42번과 43번은 한 쌍의 장단이다.

번호	1	2	3	4	5	6	7	8	비고
42	|	○	○		|	●	●		
입장단	따	궁	궁		따	궁	궁		

번호	1	2	3	4	5	6	7	8	비고
43	|		○		|		•		
입장단	딱		궁		땃		다		

제자리에서 발바꾸기 동작으로 연주

번호	1	2	3	4	5	6	7	8	비고
44	◑				◑				
입장단	덩				덩				

번호	1	2	3	4	5	6	7	8	비고
45	◑		○		ǀ		·		
입장단	덩		궁		따		다		

44번과 45번은 한 쌍의 장단이다.

제자리에서 발바꾸기 동작으로 연주한다.

번호	1	2	3	4	5	6	7	8	비고
46	ǀ	○	○		ǀ	●	●		
입장단	따	궁	궁		따	궁	궁		

연주회수 10회

반족장 뒷걸음(연주회수 2회), 시계 반대 방향 두 장단으로 한 바퀴씩 4회(2장단 × 4회 = 8회)

번호	1	2	3	4	5	6	7	8	비고
47	◑				●				
입장단	덩				궁				

번호	1	2	3	4	5	6	7	8	비고
48	○				ǀ	●	ǀ		
입장단	궁				따	궁	따		

47번과 48번은 한 쌍의 장단

제자리에서 열채 발림

번호	1	2	3	4	5	6	7	8	비고
49	◐				●				
입장단	덩				궁				

번호	1	2	3	4	5	6	7	8	비고
50	○				ㅣ	●	·	·	
입장단	궁				따	궁	다	다	

오른발 한 걸음 나아가면서 열채 발림.

번호	1	2	3	4	5	6	7	8	비고
51	○	·	·		●	·	·		
입장단	궁	다	다		궁	다	다		

연주 횟수 16회, 오른발 들어 올리고 내리기 동작

마지막 16회째에서 6, 7번째 "다다"는 생략.

번호	1	2	3	4	5	6	7	8	비고
52	○	ㅣ	●		**추**	**임**	**새**		
입장단	궁	따	궁		잘	한	다		

2회(왼쪽 사선으로 이동, 오른쪽으로 이동)

장단 강도는 약간 약하게

번호	1	2	3	4	5	6	7	8	비고
53	○	ㅣ	●		○	ㅣ	●		
입장단	궁	따	궁		궁	따	궁		

연주 횟수 2회, 좌우 이동

번호	1	2	3	4	5	6	7	8	비고
54	○	│	●	·	○	│	●	·	
입장단	궁	따	궁	다	궁	따	궁	다	

연주 횟수 8회, 제자리에서 몸 오금 율동

번호	1	2	3	4	5	6	7	8	비고
55	○	│	●	│	○	│	●	│	
입장단	궁	따	궁	따	궁	따	궁	따	

후두둑 연주회수 8회, 마지막 8회째 장단에서 8번째 따(│)는 생략.

번호	1	2	3	4	5	6	7	8	비고
56	│	○	○		│	●	●		
입장단	따	궁	궁		따	궁	궁		

연주회수 2회.

까치걸음 뒤로 이동.

□ 매도지

앞걸음 1번째 박 - 왼발, 3번째 박 - 오른발, 5번째 박 - 왼발, 7번째 박 - 오른발, 9번째 박 - 왼발, 11번째 박 - 오른발 순으로 걸으면서 연주.

번호	1	2	3	4	5	6	7	8	9	10	11	12	비고
1	◐		●		○	│	●		○	│	●		
입장단	덩		궁		궁	따	궁		궁	따	궁		

번호	1	2	3	4	5	6	7	8	9	10	11	12	비고
2	ǀ	●		ǀ	●	ǀ	○		●		ǀ		
입장단	딱	궁		따	궁	따	궁		궁		따		

제자리에서 오른발 들기(1~6번째 박), 오른발 뒤로(7~12번째 박)

번호	1	2	3	4	5	6	7	8	9	10	11	12	비고
3	◑	○		●			◎		ǀ	●	ǀ		
입장단	덩	궁		궁			구궁		따	궁	따		

2번째 "궁"을 "구"로 입장단 할 수 있다.

번호	1	2	3	4	5	6	7	8	9	10	11	12	비고
4	◑			~	~		○		ǀ	●	ǀ		
입장단	덩			허	이		궁		따	궁	따		

4번 1~6번째 장단으로 1회전, 7~12번째 장단으로 1회전. 총 2회전으로 매도지 장단 마무리.

"허이" 부분에서 궁채×열채 교차 치기를 하거나, 팔 벌려 회전하기 동작을 할 수 있다.

4. 굿거리

번호	1	2	3	4	5	6	7	8	9	10	11	12	비고
1	Φ		Φ	Φ		Φ	Φ		Φ	Φ	··	··	
입장단	덩		덩	덩		덩	덩		덩	덩	다다	다다	

번호	1	2	3	4	5	6	7	8	9	10	11	12	비고
2	Φ		Φ	Φ		Φ	Φ		Φ	Φ	ㅣ	··	
입장단	덩		덩	덩		덩	덩		덩	덩	땃	다다	

도입 가락으로서 1번과 2번은 한 쌍의 장단이다

제자리에서 왼발로 잔발 뛰고 반족장 나가면서 오른발을 짚는 동작이다. 가락이 이어지면서 나간 오른발을 거둬들이며 자연스럽게 발이 바뀐다.

2번의 11번째 “따(ㅣ)”를 “기덕(i)”으로 바꿀 수 있다. 이 박은 마무리하듯 야무지게 친다.

2번 장단 10-11-12번째 몸동작은 오른발 잔발 뛰고 반족장 나가면서 왼발을 사선 15°정도 방향으로 딛는다. 다음 동작으로 이어가기 위해서이다.

굿거리장단은 크게 또는 작게 치면서 리듬을 만들어야 한다. 굿거리는 덩실덩실 춤을 출 수 있는 가락임을 잊어서는 안 된다.

■ 도입장단 연주모습

번호	1	2	3	4	5	6	7	8	9	10	11	12	비고
3	◑	○	i	◎	○	i	◎	○	i	◎	··	··	
입장단	덩	궁	기덕	구궁	궁	기덕	구궁	궁	기덕	구궁	다다	다다	

번호	1	2	3	4	5	6	7	8	9	10	11	12	비고
4	◑	○	i	◎	○	i	◎	○	i	◎	i	··	
입장단	덩	궁	기덕	구궁	궁	기덕	구궁	궁	기덕	구궁	기덕	다다	

3번과 4번은 한 쌍의 장단이다.

제자리에서 오른발을 반족장 내밀어 올렸다 내렸다 하는 동작이다.

3번, 4번의 2번째, 5번째, 8번째 "궁(○)"은 약간 크게 친다.

4번 장단의 12번째 다다(··)를 구궁(◎)으로 바꿀 수 있다.

번호	1	2	3	4	5	6	7	8	9	10	11	12	비고
5	◑		◑	◑	•	i	◎	•	i	◎	i	◎	
입장단	덩		덩	덩	다	기덕	구궁	다	기덕	구궁	기덕	구궁	

연주회수 4회이다.

까치걸음으로 좌우 전진 동작이다.

번호	1	2	3	4	5	6	7	8	9	10	11	12	비고
6	◑	•	i	◎	•	i	◎	•	i	◎	i	◎	
입장단	덩	다	기덕	구궁	다	기덕	구궁	다	기덕	구궁	기덕	구궁	

연주회수 2회이다.

발뒤꿈치를 들면서 굴신을 이용해 시계방향으로 돌면서 연주하는 동작이다.

번호	1	2	3	4	5	6	7	8	9	10	11	12	비고
7	◑		◑	◑	•	i	◎	○	i	◎	i	◎	
입장단	덩		덩	덩	다	기덕	구궁	궁	기덕	구궁	기덕	구궁	

연주회수 4회이다.

까치걸음. 8번째 "궁"은 강하게 친다.

번호	1	2	3	4	5	6	7	8	9	10	11	12	비고
8	◑	•	i	◎	•	i	◎	•	i	◎	i	◎	
입장단	덩		덩	구궁	다	기덕	구궁	다	기덕	구궁	기덕	구궁	

시계방향으로 회전

번호	1	2	3	4	5	6	7	8	9	10	11	12	비고
9	◑	●ㅣ	●	◑	●ㅣ	●	◑	●ㅣ	●	◑	●ㅣ	●	
입장단	덩	궁따	궁	덩	궁따	궁	덩	궁따	궁	덩	궁따	궁	

제자리 발바꿈, 장단은 약하게 연주

번호	1	2	3	4	5	6	7	8	9	10	11	12	비고
10	◑	○	ㅣ	◎	○	ㅣ	◎	○	ㅣ	◎	‥	‥	
입장단	덩	궁	따	구궁	궁	따	구궁	궁	따	구궁	다다	다다	

번호	1	2	3	4	5	6	7	8	9	10	11	12	비고
11	◑	○	ㅣ	◎	○	ㅣ	◎	○	ㅣ	◎	i	◎	
입장단	덩	궁	따	구궁	궁	따	구궁	궁	따	구궁	기덕	구궁	

10번과 11번은 한 쌍의 장단이며, 2번째, 5번째, 8번째 "궁(○)"
은 좀 크게 친다. 오른발 들어 올리고 내리기 동작.

번호	1	2	3	4	5	6	7	8	9	10	11	12	비고
12	◑	◎		◑	◑	◑	ㅣ●	●	ㅣ	●ㅣ	●ㅣ	●	
입장단	덩	구궁		덩	덩	덩	따궁	궁	따	궁따	궁따	궁	

연수회수는 2회이다.

까치걸음으로 오른쪽 왼쪽

번호	1	2	3	4	5	6	7	8	9	10	11	12	비고
13	◑	◎		◑			ㅣ●	●	ㅣ	●			
입장단	덩	구궁		덩			따궁	궁	따	궁			

연주회수는 2회이다.

왼발 사선 방향으로 짚고 오른발 발받이(1~6번째 장단), 이은 장단은 반대 발 동작(7~12번째 장단).

번호	1	2	3	4	5	6	7	8	9	10	11	12	비고
14	◑	○		◑	●		◑	○		◑	●		
입장단	덩	궁		덩	궁		덩	궁		덩	궁		

장단을 약하게 치면서 뒷걸음. 연주회수는 2회이다.

장단을 힘차게 치면서 앞으로 전진

번호	1	2	3	4	5	6	7	8	9	10	11	12	비고
15	◑		●		|		◑		●		|		
입장단	덩		궁		따		덩		궁		따		

연주회수는 2회이다.

번호	1	2	3	4	5	6	7	8	9	10	11	12	비고
16	◑	○		○			◎		|		|		
입장단	덩	궁		궁			구궁		따		따		

왼쪽 사선 방향 옆걸음, 열채 발림 동작(1회)

오른쪽 사선 방향 옆걸음. 열채 발림 동작(1회)

번호	1	2	3	4	5	6	7	8	9	10	11	12	비고
17	◑						○		|	●	|		
입장단	덩			허	이		궁		따	궁	따		

1~6번째 장단으로 한 바퀴 돌고, 7~12번째 장단으로 한 바퀴 돌면서 굿거리 마무리.

5. 자진모리

번호	1	2	3	4	5	6	7	8	9	10	11	12	비고
1	◐			◐			◐		|	○	|		
입장단	덩			덩			덩		따	궁	따		

번호	1	2	3	4	5	6	7	8	9	10	11	12	비고
2	◐			◐	○		◐		|	○	|		
입장단	덩			덩	궁		덩		따	궁	따		

1번과 2번은 도입 가락으로 제자리에서 가볍게 뛰면서 연주한다.

번호	1	2	3	4	5	6	7	8	9	10	11	12	비고
3	◐		◐	○	|	○	○		◐	○	|		
입장단	덩		덩	궁	따	궁	궁		덩	궁	따		

번호	1	2	3	4	5	6	7	8	9	10	11	12	비고
4	|	●		●	|	●	●		◐	●	|		
입장단	따	궁		궁	따	궁	궁		덩	궁	따		

3번, 4번은 한 쌍의 장단이다. 따라서 두 장단을 묶어서 쳐야 한다.

5회 연주하는데 1회는 제자리에서 4회는 까치걸음으로 이동하면서 연주한다.

번호	1	2	3	4	5	6	7	8	9	10	11	12	비고
5	◑	○		○	|	○	○		◑	○	|		
입장단	덩	궁		궁	따	궁	궁		덩	궁	따		

번호	1	2	3	4	5	6	7	8	9	10	11	12	비고
6	|	●		●	|	●	●		◐	●	|		
입장단	따	궁		궁	따	궁	궁		덩	궁	따		

5번과 6번도 한 쌍의 장단이다. 따라서 두 장단을 묶어서 쳐야 한다.

연주회수는 4회이다.

삼채 걸음

□ 반삼채

번호	1	2	3	4	5	6	7	8	9	10	11	12	비고
7	◑		◑	○	|		●		◐	●	|		
입장단	덩		덩	궁	따		궁		덩	궁	따		

연주회수는 2회이다.

발바치 걸음.

번호	1	2	3	4	5	6	7	8	9	10	11	12	비고
8	◑	○	◑	○	|		◐	●	◐	●	|		
입장단	덩	궁	덩	궁	따		더	궁	덩	궁	따		

연주회수는 2회이다.

서선 좌우 뒷걸음 하면서 두 발 모으기(두 발 붙이기)

번호	1	2	3	4	5	6	7	8	9	10	11	12	비고
9	◑		●	●				◑		●	●				
입장단	덩		궁	궁	따		궁		궁	궁	따		

번호	1	2	3	4	5	6	7	8	9	10	11	12	비고
10	◑		●	●			●	●			●	●				
입장단	덩		궁	궁	따	궁	궁	따	궁	궁	따		

9번과 10번은 한 쌍의 장단으로 한 장단에 한 바퀴를 2회(180°×2회)로 나누어 돈다. 9과 10번 각각 한 바퀴씩 회전하는 동작이다.

왼쪽 돌기

번호	1	2	3	4	5	6	7	8	9	10	11	12	비고
11			○				●				○				●		
입장단	따	궁		따	궁		따	궁		따	궁		

번호	1	2	3	4	5	6	7	8	9	10	11	12	비고
12	◑		●	●			●	●			●	●				
입장단	덩		궁	궁	따	궁	궁	따	궁	궁	따		

11번과 12번은 한 쌍의 장단으로 한 장단에 한 바퀴를 2회(180°×2회)로 나누어 돈다. 11번과 12번 각각 한 바퀴씩 회전하는 동작이다.

오른쪽 돌기

번호	1	2	3	4	5	6	7	8	9	10	11	12	비고
13	◑			●	●		◑			●	●		
입장단	덩			궁	궁		덩			궁	궁		

번호	1	2	3	4	5	6	7	8	9	10	11	12	비고
14	◑		●	●	❘	●	●	❘	●	●	❘		
입장단	덩		궁	궁	따	궁	궁	따	궁	궁	따		

13번과 14번은 한 쌍의 장단

13번 장단으로 전진하면서 두 바퀴, 14번 장단으로 제자리에서 한 바퀴

□ 긴매도지

번호	1	2	3	4	5	6	7	8	9	10	11	12	비고
15	◑		●		○	❘	●		○	❘	●		
입장단	덩		궁		궁	따	궁		궁	따	궁		

제자리에서 한 바퀴 회전

번호	1	2	3	4	5	6	7	8	9	10	11	12	비고
16	❘	○		❘	●		❘	○		❘	●		
입장단	따	궁		따	궁		따	궁		따	궁		

제자리에서 한 바퀴 회전

번호	1	2	3	4	5	6	7	8	9	10	11	12	비고
17	○	|	●		○	|	●		○	|	●		
입장단	궁	따	궁		궁	따	궁		궁	따	궁		

제자리에서 한 바퀴 회전

번호	1	2	3	4	5	6	7	8	9	10	11	12	비고
18	|	●		|	●	|	○		●		|		
입장단	따	궁		따	궁	따	궁		궁		따		

제자리에서 한 바퀴 회전

번호	1	2	3	4	5	6	7	8	9	10	11	12	비고
19	◑	○		●		○	○		|	●	|		
입장단	덩	궁		궁		구	궁		따	궁	따		

제자리에서 열채발림

번호	1	2	3	4	5	6	7	8	9	10	11	12	비고
20	◑						○		|	●	|		
입장단	덩			허	이		궁		따	궁	따		

두 팔 벌려 두 바퀴 회전

■ 회전하면서 매도지 마무리 장면

번호	1	2	3	4	5	6	7	8	9	10	11	12	비고
21	①									│	○		
입장단	덩			다	르	르	르			딱	궁		

제자리에서 마무리

□ 인사굿

번호	1	2	3	4	5	6	7	8	9	10	11	12	비고
0	⏀	⏀		⏀	⏀		⏀⏀⏀		⏀	⏀		┃	
입장단	덩	덩		덩	덩		더더더		덩	덩		따	
의미	안	녕		안	녕		여러분		들	안		녕	

12번째 따(┃)는 열채편 변죽 때리기.

7, 8번째 "덩덩덩(⏀⏀⏀)"을 "덩궁궁(⏀○○)"으로, 9, 10번째 덩(⏀)을 궁(○)으로 칠 수 있다.

이상으로 기본 가락과 동작을 간략하게 설명하였으나 묘사하는 데 한계를 느낀다. 더 자세하게 설명하다 보면 오히려 혼선이 올 수도 있다는 생각을 하게 되었다. 아무쪼록 설장구를 직접 학습하면서 완전하게 익혔으면 한다. 숙달되면 나름의 응용 장단으로 바꾸어서 장단 맛을 낼 수도 있고, 동작도 매끄럽게 다듬어서 자신만의 매력 포인트로 만들 수 있다고 본다. 여러분들의 멋진 설장구를 기대해 본다.

제9절 정간총보(전체 가락보)

1. 다스름

번호	1	2	3	4	5	6	7	8	비고
1	◑				●	|	●		
2	◑				●				
3	○				●				
4	○		●		○		●		
5	|		○		●	|	●	|	
6	○		●		○		●		
7	|		○		●	|	●		
8	◑	○	○		◑	○	○		
9	◑	○	○	|	○	|	○		
10	◑	○	○	|	○	|	○		
11	◑	◑	◑	◑	◑	◑	◑	◑	
12	◑	◑	◑	◑	○	|	○		

2. 휘모리

번호	1	2	3	4	5	6	7	8	비고
1	⊕		⊕		●	|	●		6회
2	|		○		●	|	●		4회
3	⊕		·	·	●	|	●		4회
4	○	|	○		●	|	●		4회
5	○	|	●	·	○	|	●	·	4회
6	|		○		●	|	●		2회
7	|		○		●	|	●	|	
8	○		●		○		●		
9	|		○		●	|	●	|	
10	○		●		○		●		
11	|		○		●	|	●		

3. 오방진

번호	1	2	3	4	5	6	7	8	비고
1	⊕				⊕				
2	⊕		⊕		|		·		
3	⊕	○	○		⊕	○	○		
4	⊕		⊕		|		·		
5	⊕				|		|		
6	●		|	●	●		|		
7	⊕				|		|		
8	●	●	|	●	●		|		
9	⊕				|		|		
10	|	●	●	|	●	|	●		
11	|	○	○	|	○	|	○		2회
12	|	●	●	|	●	|	●		2회
13	|	○	○	|	○	|	○		4회
14	|	●	●	|	●	|	●		6회
15	○		○		○	|	○		
16	⊕				●				
17	○				●				
18	○		●		○		●		
19	○		○		○	|	○		
20	⊕		·	·	⊕		·	·	

번호	1	2	3	4	5	6	7	8	비고
21	⊕		·	·	●					
22	○		○		○			○		
23	⊕		·	·	○							
24	○		○		○			○		
25	⊕		·	·				·	·	
26								●			●		
27	⊕				×	×	×		
28				○		●			●		
29	⊕		·	·	●			●		4회
30	⊕	○	○		⊕	○	○		
31	⊕		○								
32	⊕				⊕				
33	⊕		○								
34	⊕				i				2회
35	i				i		·		2회
36	⊕		·	·				·	·	2회
37				·	·				·	·	2회
38	⊕		·	·				·	·	2회
39										·	·	2회
40	⊕				i					

번호	1	2	3	4	5	6	7	8	비고
41	·	·	·	·				·		
42			○	○				●	●		
43				○					·		
44	⊕				⊕				
45	⊕		○					·		
46			○	○				●	●		10회
47	⊕				●				
48	○						●				
49	⊕				●				
50	○						●	·	·	
51	○	·	·		●	·	·		16회
52	○			●		추	임	새		2회
53	○			●		○			●		2회
54	○			●	·	○			●	·	8회
55	○			●			○			●			8회
56			○	○				●	●		2회

번호	1	2	3	4	5	6	7	8	9	10	11	12	비고
1	◑		●		○	￨	●		○	￨	●		
2	￨	●		￨	●	￨	○		●		￨		
3	◑	○		●			◎		￨	●	￨		
4	◑			허	이		○		￨	●	￨		

4. 굿거리

번호	1	2	3	4	5	6	7	8	9	10	11	12	비고
1	Φ		Φ	Φ		Φ	Φ		Φ	Φ	··	··	
2	Φ		Φ	Φ		Φ	Φ		Φ	Φ	|	··	
3	Φ	○	i	◎	○	i	◎	○	i	◎	··	··	
4	Φ	○	i	◎	○	i	◎	○	i	◎	i	··	
5	Φ		Φ	Φ	·	i	◎	·	i	◎	i	◎	4회
6	Φ	·	i	◎	·	i	◎	·	i	◎	i	◎	2회
7	Φ		Φ	Φ	·	i	◎	○	i	◎	i	◎	4회
8	Φ	·	i	◎	·	i	◎	·	i	◎	i	◎	2회
9	Φ	●|	●	Φ	●|	●	Φ	●|	●	Φ	●|	●	
10	Φ	○	|	◎	○	|	◎	○	|	◎	··	··	
11	Φ	○	|	◎	○	|	◎	○	|	◎	i	◎	
12	Φ	◎		Φ	Φ	Φ	|●	●	|	●|	●|	●	2회
13	Φ	◎		Φ			|●	●	|	●			2회
14	Φ	○		◐	●		Φ	○		◐	●		2회
15	Φ		●		|		Φ		●		|		
16	Φ	○		○			◎		|		|		2회
17	Φ			허	이		○		|	●	|		

5. 자진모리

번호	1	2	3	4	5	6	7	8	9	10	11	12	비고
1	⊕			⊕			⊕		|	○	|		
2	⊕			⊕	○		⊕		|	○	|		
3	⊕		⊕	○	|	○	○		⊕	○	|		8회
4	|	●		●	|	●	●		◐	●	|		8회
5	⊕	○		○	|	○	○		⊕	○	|		6회
6	|	●		●	|	●	●		◐	●	|		4회
7	⊕		⊕	○	|		●		◐	●	|		2회
8	⊕	○	⊕	○	|		◐	●	◐	●	|		2회
9	⊕		●	●	|		⊕		●	●	|		
10	⊕		●	●	|	●	●	|	●	●	|		
11	|	○		|	●		|	○		|	●		
12	⊕		●	●	|	●	●	|	●	●	|		
13	⊕			●	●		⊕			●	●		
14	⊕		●	●	|	●	●	|	●	●	|		
15	⊕		●		○	|	●		○	|	●		

번호	1	2	3	4	5	6	7	8	9	10	11	12	비고
16	│	○		│	●		│	○		│	●		
17	○	│	●		○	│	●		○	│	●		
18	│	●		│	●	│	○		●		│		
19	Φ	○		●		○	○		│	●	│		
20	Φ						○		│	●	│		
21	Φ			다	르	르	르			│	○		

제10절 용어 해설

■ 가락

장단 안에서 생기는 리듬의 변화를 말한다. 사전적으로는 소리의 길이와 높낮이의 어울림으로 풀이한다. 장단과 가락을 혼용하여 쓰이는 경우가 있다.

■ 걸음새

걷는 모양을 말한다.

■ 구음

장구에서 구음이란 목소리로 장단을 표현하는 방법이다. 장단을 외우는 데 필수적인 기법이다. 장구 연주를 지도하기도 좋다. 입장단이란 말과 같다.

■ 굴신

굽히고 펴는 동작을 말한다. 설장구에서는 무릎을 굽혔다 펴는 동작을 일컫는다. 비슷한 말로 오금이 있다.

■ 굿거리

굿거리는 4박으로 대개 12쪽으로 나누어 연주되는 장단이다. 굿
거리 장단은 민요에서 많이 쓰이며, 소리 가락인 중중모리 장단과
비슷한 면이 있다.

■ 궁채

장구의 궁편을 치는 채를 말한다.

■ 궁편

궁채로 연주하는 가죽 편을 말한다. 북소리와 비슷한 소리를 낸다.

■ 까치걸음

일명 까치발이라고도 한다. 왼발이 먼저 나가고 오른발이 왼발 뒤
에 따라 붙이는 식으로 이동하며, 그다음 동작은 발(오른발이 먼저
나감)이 바뀌면서 계속 이어진다. 발끝으로 이동한다하여 꽃발이라
부르기도 한다. 서양 춤의 "투스텝"에 비유하여 많이 설명되고 있다.

■ 꾸밈음

장단을 멋들어지게 만들기 위하여 잔가락을 넣어 연주하는 기법
의 음이다. 장구에서는 "구궁"이나 "기덕", "드르덕" 등이 많이 활용
된다.

■ 내드름

내는 가락, 내드림, 시작 가락, 머리카락, 다스름 등으로 말해지고 있다. 소리나 국악연주에서 처음 내는 가락이라 하여 푸는 가락이라 표현하기도 한다.

설장구에서 내드름은 작품의 첫 인상을 선보이기 때문에 중요하다고 볼 수 있다.

■ 매도지

매도지가락, 매조지, 맺는 가락, 맺음 가락 등으로 불리어지기도 한다. 한 마루나 마당이 끝날 때 맺는 가락이다. 때에 따라서는 장단 가락이 바뀔 때마다 매도지를 하고 다음 마당이나 가락으로 넘어가는 연결 의미의 가락이기도 하다. 기경결해의 "해"에 해당하는 가락이다.

■ 미지기

풍물에서 두 줄로 서로 마주 보고 밀고 당기 듯 노는 놀이를 말한다.

■ 박

'박자'의 준말이다. 박은 장단 안에 들어 있다. 휘모리는 2분박 형태의 4박이며, 굿거리, 자진모리 등은 3분박 형태의 4박이다.

■ 반삼채

자진모리 한 장단을 반으로 나누어 치는 장단이다. 가락을 몰아 맺음 가락으로 가려할 때 많이 사용하는 장단이다.

■ 발디딤

발을 딛는 동작을 말한다.

■ 발림

발림이란 궁채나 열채가 박의 여유가 있을 때(잠시 시간적으로 여유가 있을 때) 공간을 채우는 동작으로 궁채를 돌린다거나 열채를 돌리면서 모양을 내는 형태를 말한다. 너름새, 사체 등의 비슷한 말이 있다.

■ 발바치

한 발을 들고 연주하는 동작을 말한다. 이동하면서 발을 바꾼다. 깨금 걸음과 비슷하다. 발받침이라 부르기도 한다.

■ 발바꿈

왼발을 살짝 짚는 순간 오른발을 내 딛는 동작이다. 순간을 이용한 발바꿈 동작으로 본 설장구에서 많이 나오는 동작이기도 하다.

■ 삼색띠

풍물놀이 등에서 복장으로 갖추는 세 가지 색(노랑, 빨강, 파랑)의 띠이다. 삼색띠의 색이나 몸에 갖추는 방법은 일정한 기준이 없고 지역이나 단체, 개인의 특성에 따라 조금씩 다르다.

■ 삼채 걸음

자진모리 장단을 칠 때 주로 많이 사용하는 몸동작이다. 왼발 한 걸음 걸을 때 오른발은 뒤에 따르는 형식으로 왼발-오른발-왼발-오른발 발동작을 한다. 다시 오른발이 나가면서(발의 바뀌면서) 오른발-왼발-오른발-왼발 형식으로 이동하는 동작이다. "갈까 말까" 동작이라 부르기도 한다.

■ 설장구

장구에 끈을 묶어 어깨에 걸어 메고 춤사위 동작을 하면서 연주하는 형태를 말한다.

■ 소박

박을 다시 더 잘게 나누었을 때 소박이라 한다. 예를 들어 휘모리는 2분박 형태의 4박이지만 8쪽이나 16쪽으로 잘게 쪼개어 표현할 수도 있다. 이때 쪼갠 박을 소박이라 한다. 즉, 소박 → 박 → 장단 등으로 설명될 수 있다.

■ **연풍대**

둥근 원을 따라 돌 듯 빙글빙글 도는 동작을 말한다. 연풍대는 모든 춤에 들어가는 동작이라 보아도 된다. 풍물놀이 등에서 하는 자반뒤집기도 연풍대의 하나라 할 수 있다.

■ **열채**

장구의 열채편을 치는 채이다. 대나무를 깎아서 만들며 날카로운 소리를 낸다. 열채의 소리를 빗소리에 비유하기도 한다.

■ **열채놀이**

열채를 가지고 묘기를 부리듯 노는 동작을 말한다. 열채발림과 비슷한 말이다.

■ **열채편**

채편이라 말하기도 한다. 열채가 주로 연주되는 가죽 부분이다.

■ **오방진**

경기도의 도살풀이, 전라도의 살풀이, 동해안별신굿의 동살풀이 등의 용어가 혼용되어 사용되고 있다. 오방진은 지역에 따라 4박 또는 6박의 장단으로 연주되고 있다. 2분박 형태의 소박으로 나누어진다. 따라서 8쪽 또는 12쪽 박으로 나누어 표기하고 있다. 이 책에서는 8쪽 박을 사용하였다. 오방진 가락은 휘모리와 비슷한 면이 있다.

■ 원박

꾸밈음을 넣지 않은 박을 말한다. 단순박이라 부르기도 한다. 장구를 처음 배우는 초보자에게는 원박을 사용하여 가르친다.

■ 입장단

장구에서 입장단이란 입을 통해 목소리로 장단을 표현하는 방법이다. 장단을 외우는 데 필수적인 기법이다. 장구 연주를 지도하기도 좋다. 구음이란 말과 같이 쓰이기도 한다.

■ 자진모리

풍물굿에서 징을 세 번 치는 장단이라 하여 삼채라 부르기도 한다. 자진모리는 4박 12쪽의 장단이다. 자진모리는 판소리, 무굿, 산조, 민요 등에서 널리 쓰이는 장단이기도 하다.

■ 장구

장구는 한국 전통 음악에서 널리 사용되는 타악기이다. 허리가 잘

록한 통의 양쪽 두 개의 테에 가죽을 붙이고 줄로 동여서 만든다. 장구는 크게 장구통(울림통), 가죽(원철 포함), 조임줄, 조이개, 갈고리쇠 등으로 조립되어 있다.

■ 장단

박자, 빠르기, 리듬 등을 정한 단위개념을 장단이라 한다. 사전적으로는 노래나 춤, 풍류 등에서 길고 짧은 박자라고 풀이 된다.

■ 장단의 쌍

장단을 살펴보면 두 장단이 한 장단처럼 연주되는 것을 볼 수 있다. 이를 두고 장단의 쌍이라 한다. 이런 장단을 설명할 때 남자와 여자, 음과 양, 암컷과 수컷 등 다양한 비유를 들어 말하기도 한다. 장단의 짜임을 들어 쌍(집) → 마루 → 마당 등으로 그 단위를 가늠하기도 한다.

■ 장단표기부호

장단을 표기할 때 쓰는 기호(부호)를 말한다. 이를 장단기보, 장단표기, 장단기호 등의 용어를 사용하기도 한다.

■ 쟁반놀이

일명 "쟁반돌리기"라고도 말한다. 열채로 열편 가죽 부위를 쟁반 돌리듯 하며 연주하는 동작을 말한다.

■ 정간보

칸을 나누어 장단을 표시하는 일종의 악보이다. 국악에서 주로 사용되고 있으며, 지금은 오선보의 음표를 사용하여 장단을 표시하기도 한다.

■ 좌우새

몸을 좌우로 흔드는 동작을 말한다. 거의 모든 춤에서 쓰이고 설장구에서도 사용되는 동작이다.

■ 쪽

한 박을 잘게 쪼갰을 때의 최소 단위이다. 소박과 같은 개념이다.

■ 추임새

판소리 등에서 고수鼓手가 창의 중간중간에 흥을 돋우기 위해 삽입하는 탄성 소리이다. 설장구에서도 추임새 구간을 볼 수 있다. 추임새에는 좋다, 으이, 얼씨구, 잘한다, 좋지, 아먼 등 상황에 따라 여러 가지 소리를 붙일 수 있다. 때에 따라서는 관객 등도 참여할 수 있어서 소통의 장이 되기도 한다.

■ 치복

풍물놀이 등에서 갖추는 의복을 말한다. 보통은 하얀색의 바지와 저고리에 조끼를 입고 삼색띠를 둘러 묶어서 복장을 갖춘다. 복색이나 삼색띠 등은 지역이나 상황에 따라 형형색색 달리할 수 있다.

■ 후두둑

마치 소나기가 후두둑 떨어지는 소리 같다고 하여 붙여진 이름이다. 후두둑은 궁채를 열채편에 넘기면서 치는 기법으로 "궁-따"를 반복적으로 치는 연주방법이다. 느리게 치다가 점점 빠르게 치는 기법이 보통이지만, 연주자의 기량이나 작품 의도에 따라 완급이나 강약 조절 등을 통하여 다양하게 구사할 수 있다.

■ 휘모리

휘모리는 4박 8쪽 장단이다. 풍물굿에서는 이채 또는 두마치라 부른다.

제4장

나가면서

제4장 나가면서

제1절 김종회 설장구의 가치와 효과

김종회 설장구는 비교적 배우기 쉽다는 평을 듣기도 한다. 우리 생활에서 유행가인 트롯트가 배우고 부르기 쉬워서 유행을 타듯 오히려 이게 장점이라고 본다.

배우기 어렵고 복잡한 설장구를 오랜 시간을 투자하여 배워본들 그 효과의 차이는 미미하지 않을까 생각한다.

이 책에서 김종회 설장구 가락보를 보면 알 수 있겠지만 처음 배우시는 분들을 위해 단순 박으로 쉽게 표기하였다.

처음부터 복잡하고 어려우면 대부분이 포기하거나 오랜 시간을 투자할 수밖에 없다.

본 설장구를 쉽게 익혀 잘 구사한다면 훌륭한 작품이 될 것이라고 믿는다.

제2절 김종회 설장구의 발전 방향

설장구의 기본 틀을 제시하고 가락에 쉽게 접근할 수 있도록 장단과 동작을 단순화시켜 여러 사람이 즐겼으면 하는 바람이 앞선다. 이런 뜻에서 그 발전 방향을 조심스럽게 제안해 본다.

1. 설장구 인의 저변확대를 위해서는 우선 노련하고 기교 있는 전문 설장구 인을 길러야 한다. 이들에게는 이수증 등을 발급하여 본 설장구 보급과 활성화에 책임을 다하도록 독려한다.

2. 전문 설장구 인들은 일상생활 주변에서 수시 공연을 통해 흥미 유발의 동기를 부여해야 한다. 정기발표회, 전국 순회공연 등을 통해 이들의 기량을 선보이는 기회를 갖도록 한다.

3. 배우고자 하는 사람은 경비 부담을 줄이고 장소나 시간 편의 등을 고려해 적극적으로 수용하여 가르치도록 한다.

4. 설장구가 우리 정서에 미치는 영향과 취미생활, 건강 유지 등에 좋음을 널리 홍보한다.

마지막으로 김종회류 설장구가 발전되고 널리 보급되려면 누군가의 희생과 노력이 따라야 한다고 본다.

제3절 마무리

설장구는 온몸으로 익히는 것이다. 이론만으로는 통하지 않고, 장단을 알고 있다고 할지라도 장구를 메고 움직이는 순간 가락이 흐트러진다. 가락에 동작과 호흡이 잘 맞아떨어져야 매끄러운 설장구가 될 수 있다. 이렇게 매끄럽고 능숙한 모습이 되려면 수백 번 반복해 보는 방법밖에 없다. 대개의 경우, 설장구를 잘한다는 말을 들으려면 5년에서 10년 정도 다듬어야 한다고들 말한다. 설장구는 춤을 전공하여 춤이 자연스럽게 몸에 배거나, 선천적으로 몸의 움직임 자체에 춤사위가 뛰어난 사람이 아니면 피나는 노력이 필요하다.

마지막으로 여러류의 설장구 작품을 놓고 이것도 해보고 싶고 저것도 해보고 싶은 욕심 때문에 많은 시간을 허비하는 것보다 어느 하나를 선택하면 꾸준히 밀고 나가는 게 좋다고 본다.

설장구를 통해 자신의 흥을 찾고, 건강한 생활을 유지하면서 남에게 즐거움을 준다면 이것 또한 삶의 큰 보람이 아닐까 생각한다.

■ 참고문헌 및 자료

1. 박용재(朴鏞載), 광산농악, 광산문화원(1995)

2. 김동언, 농부예술인, 도서출판 사람들(2017)

3. 박철 외, 김병섭의 생애와 예술세계, 한글미디어(2019)

4. 김영성, 장구의 기초이론, 쏠트라인(2025)

■ 참고 사이트

1. https://www.gugak.go.kr
2. https://folkency.nfm.go.kr/topic
3. https://tuckgyver.tistory.com
4. https://encykorea.aks.ac.kr/Article
5. https://educalingo.com/ko/dic-ko

■ 詩

설장구

맑고 밝은 소리가
발걸음에 실려 온다

휘날리는 치복 자락에
춤을 추는 삼색띠

장단에 맞춰
율동에 맞춰

어깨가 으쓱
영혼이 으쓱

흥겨운 가락에
가슴이 열리니

우리 가락 좋을시고
우리 흥 좋을시고

뛰어보자 폴짝
돌아보자 빙글

발 놀음
손 놀음에
장단 소리 날개를 펴고
몸 다스려 춤을 춘다

저자의 출간 이력

번호	제 목	구 분	발행연도	출판사
1	삶의 여정	수필	2022	불교문예
2	봄이 오는 소리	수필	2022	불교문예
3	꽃길	시	2022	쏠트라인
4	사랑의 열매	시	2022	쏠트라인
5	추억	시	2022	쏠트라인
6	가을이 좋아라	시	2022	쏠트라인
7	직장인의 삶	산문	2023	쏠트라인
8	부부의 삶	산문	2023	쏠트라인
9	봄 이야기	시	2023	쏠트라인
10	삶의 숲	수필	2023	불교문예
11	삶의 정원	시	2023	쏠트라인
12	고요의 바다	시	2023	쏠트라인
13	갈대숲	시, 수필	2023	쏠트라인
14	노년의 삶	산문	2024	쏠트라인
15	눈꽃	시, 수필	2024	쏠트라인
16	지역농협의 이해	이론서	2024	쏠트라인
17	청보리밭	시, 수필	2024	쏠트라인
18	협동조합의 역사	이론서	2024	쏠트라인
19	장구의 기초이론	이론서	2025	쏠트라인
20	대금의 기초이론	이론서	2025	쏠트라인
21	머물던 자리	시낭송집	2025	쏠트라인

제자 이현옥이 펼치는

김종회류
설장구의 맥

초판 1쇄 발행일   2026년 4월 20일

지은이   김영성
펴낸이   고미숙
편 집   채은유
펴낸곳   쏠트라인saltline

신고번호   제 2024-0000075호
등록번호   206-96-74796
제 작 처   04549 서울시 중구 을지로 18길 24-4, 303
              31565 충남 아산시 방축로 8, 101-502
이 메 일   saltline@hanmail.net
전화번호   010-2642-3900

ISBN   979-11-92139-93-7 (03670)
값   12,000원